幸運の10年を引き寄せる！星使い入門

占星術師・運氣研究家
山岸 明日佳
Asuka Yamagis

人生を加速させ
最高の私を生きるための
星座活用術

マーキュリー出版

はじめに・・・6

第1章　10年ごとに人生のテーマが存在している！

星占いはあなたの人生を予見する・・・10
年齢域とは？・・・15
年齢域を人生の大きな流れとして捉えよう・・・16
未来の星座の力を使うには？・・・17
年齢域を過ぎている場合の活用法・・・22
各天体が表す年齢域・・・23

第2章　ホロスコープとは

ホロスコープってなに？・・・34

ホロスコープを出してみよう！・・・35
チェック① ホロスコープの中の天体をチェックしよう・・・39
チェック② 天体のあるハウスをチェックしよう！・・・42
出生時間が分からない場合のハウスの出し方・・・43
星座とハウスが示すキーワード一覧・・・50
ハウスの解説・・・56
ハウスの5度前ルール・・・64

第3章 星座とハウス別・年齢域ごとのテーマ

天体の星座とハウスについて・・・70
金星の年齢域のテーマ・お勧めのアクション・より良く生きるためのヒント・・・71
太陽の年齢域のテーマ・お勧めのアクション・より良く生きるためのヒント・・・99
火星の年齢域のテーマ・お勧めのアクション・より良く生きるためのヒント・・・127

木星の年齢域のテーマ・お勧めのアクション・より良く生きるためのヒント・・・153
土星の年齢域のテーマ・お勧めのアクション・より良く生きるためのヒント・・・196
天王星の年齢域のテーマ・お勧めのアクション・より良く生きるためのヒント・・・201
おわりに・・・220

はじめに

この本をお手に取っていただき、ありがとうございます。

私は昔から占いが大好きで、お小遣いで星占いの本を買ったり、雑誌の占いコーナーを熟読するような子どもでした。

当時は、自分にはどんな才能や長所があるのか、どんな仕事が向いているのか？など、主に自分の性格や資質を知りたいという気持ちが強かったように思います。

しかし、占星術を学ぶうちに、自分らしく生きるには**【自分を知ること】**と、もうひとつ**【今、自分はどんな時期を生きていて、何をすべきなのかを知ること】**がとても大切だと実感しました。

なぜなら、【自分という種】は何の花の品種で、どんな特徴があるか知ったとしても、どの季節に咲く花で、どんな土壌が適切で、いつ種を撒くといいのかという**【時期に合った過ごし方】**を知らないと、決してあなたらしく咲くことは出来ないからです。

「わたし」という人間の本質は変わらなくても、時期によって「どう行動するか」が変わります。それを知ることができるのが、西洋占星術の年齢域です。

私が扱う西洋占星術とは、分かりやすく言うと星占いのことです。４月生まれは牡羊座で、牡羊座の性格は・・・というものですね。

これは主に性格やその人の持つ資質を表したものです。それ以外にもうひとつ、【年齢域】という概念があります。これは人の成長過程であり、その人にとっておよそ10年ごとの人生の大きなテーマを表したものになります。

例えば、自分はずっと同じ仕事を続けていくと思っていたけれど、年齢域が切り替わり、人生のテーマが変わることによって、転職するといった選択をすることもあります。生き方を変える時、人は不安を感じやすいですが、自分の人生の大まかな流れを知っていれば、「今はこういう時期なんだな」と迷わず進んでいけます。

私は、毎年、運氣鑑定を行っているのですが、（おかげさまで毎年即満席になります。）1年の運氣の流れというのは人生の中の**小テーマ**、年齢域は**大テーマ**と捉えています。

よく「私の来年の運氣はどうですか？」と聞かれるのですが、ベースとなる大テーマを知った上でないと、小テーマである1年をどう生きていくか？の答えは出せないと私は考えています。ですので、必ずお客様の年齢域のテーマをみた上で、来年1年の過ごし方や傾向などをお伝えしています。

年齢域という10年の大テーマを知ることで、自分の人生の大まかなストーリーを知ることができます。どんな時期にどんなふうに行動していくのかを知ることで、あなたの人生はより充実することでしょう。

自分の年齢域を知ることは【一生役立つ自分のサクセスMAP】を手に入れることに等しい、と私は考えています。

どうぞ自分だけのサクセスMAPを手に入れ、人生を加速させて「最高の自分」を生きてください。

第1章　10年ごとに人生のテーマが存在している！

星占いは人生を予見する

星占いは驚くほど様々なことが分かる占いです。星のエネルギーを把握できてくるようになると、私のように「星使い」になることが出来ます。要領よく人生を送ることが出来る「星使い」にあなたもなりたくありませんか？

実は「星使い」になれると、自分で太陽系の星のエネルギーを最大限活用できて人生が限りなく広がります。そうなのです。既にあなたには、このように星や星座を活用すればもっと幸せになれるという航海地図のようなものが用意されているのです。

さて、人はその星の通りに生きていると言われます。「星座占い」が人気を博していて、よく当たっていることからもお分かりいただけるでしょう。

例えば著名人の例で、メジャーリーガーの大谷翔平選手について今までの人生をホロスコープで振り返ってみたいと思います。大谷選手は23歳の時にエンゼルスと契約し、２０１８年に24歳でメジャーデビューされています。

金星は獅子座７ハウスにあります。７ハウスは「契約」、獅子座は「スター」を表すので、金星期にプロ入りされて以来、華やかな活躍をされてきたのも納得です。そして、結婚されたのは29歳の時です。太陽蟹座があるのは５ハウス。５ハウスは恋愛や喜び、子どもなどを表わします。蟹座は家庭や土台を表します。結婚して家庭を持つこと、自分の基盤を作っていくこと、大切な人との絆を深めていくことが、太陽期の大きなテーマとなっています。

また、ご自身がＣＭ出演されているＥＣＣジュニアとの共同プロジェクトとして、子ども達の夢を応援する企画を発表されました。大谷選手が自ら発案され、子ども達の海外留学を支援するものです。「子どもたちを育む」という内容が蟹座５ハウスにぴったりだなと感じました。

29歳前後はサターンリターンを迎える時期で、大谷選手もまさに人生の大きな転機が２つ起こりましたね。信頼していた通訳の方との決別もありましたが、ご結婚されて、今後ますます安定した基盤を築いていかれることでしょう。

ざっと大谷翔平選手のホロスコープを解読するとさきほどのようなことが暗示されていて、非常に当たっていると思った方が多いと思います。

この本を読み進めていくと、さきほどの大谷翔平選手のような自分の人生の解読が可能になっていきます。

少し、私自身の話を書きます。私は経済的に苦しい家庭で育ったため、安定志向が強く、自分が起業するなど考えたこともありませんでした。

そんな私が、「もっと自分らしく生きたい」と思い始めたのが30代半ば頃でした。ちょうど太陽期の終わりから火星期に入る頃のことです。

しかし、学歴もなく、自分のやりたいことや夢も思い浮ばなかった私は、「自分らしく生きるってどういうこと?」と悩みました。

そこで、まずは興味のあることを勉強してみようと考えました。セミナーを受講したり、資格を取得したりして、少しずつ自分の世界を広げていったのです。

そんな中で占星術に出会い、今に至ります。

占星術を学んで本当に衝撃を受けました。

自分の性格や長所が分かるのはもちろん、歩んできた人生の流れまでもが一致したからです。

私の場合、水星、金星、太陽が同じ星座、ハウスだったため、太陽期までは価値観が大きく変わらなかったのですが、火星期では星座もハウスも変わったため、生き方が大きく変わりました。


知らないうちにちゃんと天体の影響を受けて変化していたんだという驚きと共に、これを早く知っていたらもっと安心して進んでこられただろうなと感じました。

私は起業する時、本当に自分はこの方向性で合っているのだろうか？本当に大丈夫だろうか？と、とても不安だったのです。

しかし、年齢域で自分の人生の大まかなストーリーを知ってからは、自信を持ってこれをやっていこう！と思えるようになりました。


人はいつからでも望んだ自分になれます。

そして天から与えられたものを使うことで、そのスピードは加速します。

年齢域の人生のテーマを知ることで、誰もが人生を能動的に切り拓いていけると確信しています。

この年齢域はおよそ10年ごとに区分することが出来ます。

だからと言って、その10年の運氣は急に切り替わるのではなく、グラデーションのように徐々に変化していくものです。

私たちはみな、気づかないうちに、次の年齢域に入る数年前から影響を受けています。

今を最大限に楽しみつつ、少し先の未来を意識する。

そんなふうに過ごしてみてください。

なお、本書では生まれてすぐの年齢域である月の年齢域（0〜7歳）とその次に来る水星の年齢域（8歳〜15歳）については割愛させて頂きました。

ですので、年齢域の詳細は水星の年齢域の次に来る金星期から詳しくお伝えいたします。

年齢域とは？

月、太陽などの各天体にはそれぞれ性質があります。

例えば、月は「素の自分」や「プライベート」を、太陽は「人生の目的」や「生きる欲求」などを表わしています。

そして、これらの天体にはそれぞれ年齢域があります。年齢域というのは、その天体が一番発達する期間のことです。

まず、生まれてすぐは月の年齢域になります。その次に水星期、金星期、太陽期、火星期、木星期、土星期・・・とおよそ10年ごとに移り変わっていきます。

年齢域は私たち人間の成長過程を表しており、天体ごとの星座やハウスの特徴を知ると、「この時期はこんなことに興味を持ちやすいんだな」とか「○歳頃からはこんなふうに変わっていくのかな」と予測が出来ます。

また、過去の振り返りや自覚していない自分の資質を再認識することにも役立ちます。

年齢域を人生の大きな流れとして捉えよう

各天体が表す年齢域についてお分かりいただけたでしょうか?

年齢域は大体10年ごとに区切られています。この10年を人生の大きな運氣の流れとして捉えてみてください。


東洋占術のひとつである四柱推命には「大運」という10年周期でみる運勢がります。この「大運」が切り替わる時が人生の大きな節目となると言われています。(1年の運勢を読み解くのは「流年運」です。)

私は鑑定では四柱推命も扱いますので、必ず鑑定する方の大運も見ます。


私は東洋占星術を学んだ後、西洋占星術に出会いました。自分のこれまでの人生を振り返り照らし合わせてみたところ、四柱推命と同じように、西洋占星術の年齢域も大きな人生の流れに合致している!すごい!と感動しました。

現在、私は木星期を生きています。自分が火星期の時に次の年齢域である木星期を知っていたので、「木星期の私はこんな風に生きているのかな？」と予測していましたが、実際に思い描いていた通りのことが、今起きています。

自分はどんな性格なのか、どんな才能を持っているのか、どんな仕事が向いているのか、など自分自身について知ること、そして、今どんな運勢の中にいるのか、今後どんな運勢を生きていくのかを知ることが、人生の幸運の鍵になると思いました。

多くの方に、この年齢域を人生の大きな運気の流れとして捉え、活用していただきたいと強く願っています。

未来の星座の力を使うには？

未来の星座、つまりまだ年齢域を迎えていない天体の力を先取りで使うにはどうしたら良いのでしょう？

それは自分で「この天体の星座の力を今使う」と心に決めることです。

自分の各年齢域の天体の星座やハウスを知ることで、おおよその自分の未来と運氣の流れが読めます。

「この年齢域の時にこんなことが起こりそうだ」「この時期にはこんなふうになっているだろう」という予測ができるわけです。

そこで個人的におすすめしたいのが「一つか二つ先の年齢域のテーマを意識しながら今の年齢域のテーマをしっかりやる」ことです。

私は火星期の時に西洋占星術に出会いました。最初は自分の才能や仕事の適性について知りたいと思い学び始めましたが、運氣の流れも分かると知って驚きました。

片づけの仕事で起業した後に、自分の火星期の生き方が火星星座のテーマと見事にリンクしていることを知り「すごい！めちゃくちゃ当たってる！」と衝撃を受けました。

同時にもっと早くにこのことを知っていたら、意識して使えたかもしれないのに知らなくてもったいないことをしたと強く感じました。

自分の月〜太陽期を振り返ると確かにこんなふうに生きてきたなという答え合わせができましたが、自分のやりたいことが分からずに悩んでいた時期も多くありました。その時期に占星術を知っていたら、もっと生きやすかったのではないかと思ったのです。

そこで「火星期の次は木星期だな。木星期は双子座か。ハウスは９・10ハウスだな。よし、意識して使っていこう。」と決めたのです。

それから火星期のテーマ「蟹座と10ハウスに関すること」をやりつつ、次の木星期の「双子座と９・10ハウスに関すること」を意識して使うようにしました。

具体的には家庭と両立しながら家で仕事をし、ブログ・フェイスブックなどのＳＮＳで発信を続けました。書くことやセミナーを通じて教えることや伝えることを積極的にやってきたのです。

２０２０年から片づけのプロとして地元のラジオ番組にも月１回出演しています。ラジオも電波にのせて情報を伝える双子座らしい媒体です。もともと、ラジオが好きでラジオ番組に出演したいと思っていたのでオファーをいただいた時はとても嬉しかったです。

そして、いつか商業出版したいという夢がありました。双子座と9ハウスは出版を表すので「木星期には出版できるかも」と漠然と思っていました。そのためにも書く力や伝える力を磨こうと自力でキンドル出版もしました。

そして木星期に入って半年後、本当に商業出版が決まったのです。

未来の星座の力を能動的に使うことで、より人生を充実させることが出来ます。

例えると、会社員の人が「今、部下として働いているけれど、数年先には自分にも部下が出来て指導する立場になるだろうから上司の指導方法を研究しておこう。」と予習しておくイメージです。

「今は部下として自分の仕事を精一杯やりながら、上司としてのスタンスや指導法も見て学んでいく」ということを能動的にやっていた方が自分に部下が出来た時にスムーズに指導できると思いませんか？

このように年齢域に入ってからその力を発動するのではなく、うまく使えるよう前段階から慣らしていくことで人生は加速します。

私の場合は木星期に入ったばかりなので土星期はまだ体験していません。

しかし、土星は獅子座の11・12ハウスにあることから土星期には信頼できる仲間ができたり（11ハウス）、スピリチュアルな世界のこと（12ハウス）を自分らしく表現して伝えていくのだろう（獅子座）と予測しています。

土星は具現化する天体なので地に足の着いた「現実的に使えるスピリチュアル」を体現していくというイメージが既に降りてきています。

土星は若い頃は苦手なことや試練のように感じることでもあります。第３章の土星・獅子座のテーマに書いたように私は人前で表現することがとても苦手でした。しかし起業してからセミナーの仕事をたくさん経験させていただき、現在は克服できました。数をこなし、何度も練習することで自分の力になったと考えています。

今後は、さらに土星星座やハウスに関することをやって自分を磨き、しっかり準備をしておこうと思っています。

年齢域を過ぎている場合の活用法

年齢域を過ぎている場合は、過去の振り返りとしてお使いください。

この年代にあんなことがあったな、こんなことに挑戦したなと自分史を振り返ることで、これまでの答え合わせができます。

過去の答え合わせをすることで現在、そしてこれからの未来の展望がより具体的に描けるでしょう。

また天体の年齢域はその時期を過ぎると使えなくなるのではありません。あくまで「その時期に最も天体の力が発達する」だけなので年齢域を過ぎても使うことができます。

それぞれの天体は自分の中にずっと存在しますので意識して使っていきましょう。

例えば、月は「癒し」「心の安定」に作用します。月の星座やハウスに関わることをやると安心したり、元気になったりするはずです。

月と水星の年齢域の詳細には触れていませんが、第3章のキーワードをチェックし、天体の力としてご活用ください。

各天体が表す年齢域

☽ 月の年齢域（０〜７歳）…心の土台を築く時期

月が表すもの・・・無意識　感情　気分　共感力　素の自分　プライベート
　　　　　　　　家庭　家族

月は乳幼児期に最も影響します。生まれてから幼児になるまでの頃、私たちは誰もが本能のまま生きていました。赤ちゃんはお腹がすいたら泣き、お腹がいっぱいになったら寝る、というように、本能のままに生きていますよね。

私たち人間は、成長するにつれて少しずつ社会性を身につけていきますが、この時期は人間として生き始めたところ。思考よりも感覚で物事をとらえていきます。家族や身近な人たちという小さな集団の中で、いろんなことを学び、心身共に健やかに育つことが大事です。この時期に基礎となる人格が形成されますが、大人になってもこの月の性質は持ち続けており、特にプライベートな場面やリラックスしている時に現れやすくなります。家にいる時や親しい人と一緒にいる時に出ることが多いです。無意識に出てしまう部分なので、自分では自覚がないこともあります。

☿ 水星の年齢域(8~15歳)・・知性を育む時期

水星が表すもの・・・思考　知性　コミュニケーション　興味　好奇心　話す
インターネット　書く　情報　通信

水星は少年期に最も影響します。

学校に入学以降、学校に通うようになると、私たちは勉強を始めます。書くこと・話すこと・計算することや他人とコミュニケーションを取ることなども学び、生きる上での基礎となる知識や知性を身につけていきます。

この頃になると、自分で考え、判断し、自分の思いを自分の口で伝えていくことが必要になってきます。感覚だけでなく、良いアイディアを考えたり、思考して善悪の判断をしたりして物事を進めていくようになります。

大人になると仕事のやり方やコミュニケーションの取り方に水星の性質が出ることが多いです。

♀　金星の年齢域（16～25歳）…好きなことや喜びを追求する時期

金星が表すもの・・・楽しみ　好きなもの　趣味嗜好　恋愛　男性にとっての恋人
お金　芸術　創造

金星は青年期に最も影響します。いわゆる青春の時期ですね。
高校生にもなると、恋愛したり、好きなことに打ち込んだり、ファッションに全力を注いだり、自分の好みが明確になってきます。好きな人と目が合ってキュンとしたり、好きな音楽を聴いて心打たれたり、ＳＮＳや雑誌でおしゃれなコーディネートを調べたりなど、とても楽しくてキラキラした時期ではないでしょうか。

しかし、楽しむためにはお金が必要で、友人や恋人と出かけたり、おしゃれをしたりと何かとお金が必要です。社会に出てお金を稼ぎだすのもこの時期で、アルバイトを経験したり、就職したり、自分の欲しいもののために行動するようになっていきます。自分の好みや趣味となって表れたり、仕事を選ぶ際の基準にもなるでしょう。

どういったことにお金を使うのか、お金の使い方にも金星の性質が表れます。

☉　太陽の年齢域（26〜35歳）…人生の目的を意識する時期

太陽が表すもの・・・人生の目的　仕事　魂　自分らしさ　自己実現
生きる欲求　父親　夫

太陽は壮年期に最も影響します。

社会人となり、仕事を頑張っていく時期ですね。この時期に結婚する人も多いでしょう。

自分はどんな仕事をして生きていくのか、どんな人と家庭をつくっていくのか、自分の人生において目標を定め、行動していく時期です。

月がプライベートの自分だとするなら、太陽はオフィシャルな自分です。

「こんなふうに社会で生きていきたい！」「こんな人生を送りたい！」と人生について真剣に考えていく時です。

結婚して家庭に入っている女性の場合には、夫に太陽の性質を求めることもあります。

太陽の時期になると、金星の時期とは違う価値観で判断をすることもあります。

例えば、これまでは恋愛で単純に自分の好みの相手と付き合ってきたけれど、結婚相手となると選ぶ基準が変わるといったようなことです。

♂火星の年齢域(36〜45歳)・・・自分を打ち出し、精力的に行動する時期

火星が表すもの・・・行動力　情熱　チャレンジ精神　怒りの力　積極性
女性にとっての恋人　大胆さ　攻撃力

火星は壮年期に最も影響します。社会人となり、仕事を覚え、中堅どころになっていく時期です。組織や会社では中間管理職になり、責任も増していく頃でしょう。男性も女性も、共に働き盛りの時期です。

この時期、女性も火星の持つ男性的なパワーを外に向けて使う人が多くなります。仕事はもちろん、子育てや子ども関係の活動（習い事や学校の役員、地域の役員など）に携わるなど、精力的に外と関わっていくことが増えるでしょう。

また、女性の場合、これまで専業主婦だったけれど、外に働きに出ていくといったケースもあります。（実は、著者も火星期の時に起業しています。）

「私は社会でこういうことにチャレンジしたい！」という勇気が湧いてくる時期。

♃木星の年齢域（46～55歳）…社会的に発展していく時期

木星が表すもの・・・発展　拡大　豊かさ　成功　成長　信頼　気楽さ
　　　　　　　　　　自由　寛容さ

木星は中年期に最も影響します。

40代半ば以降は、組織や会社の中で管理職になったり、なんらかの役職を得て活躍していく時期です。

周囲から信頼され、責任あるポジションに就く人も多いのではないでしょうか。

若さは失いつつありますが、この時期になると様々なことを寛容に受け入れられるようになります。

これまでの人生経験により心に余裕が持てるので、他者に対してもおおらかになれる時期でしょう。

木星期になると収入も増える場合が多く、経済的にも若い頃より豊かになっている時期です。また、木星は拡大、発展を表す天体ですから、木星期になると「体」が拡大する＝ふっくらする人が増えるという傾向があります。

中年太りには気を付けつつ、おおらかに過ごしたいですね。

♄ 土星の年齢域（56〜70歳）・・・精神的にも経済的にも成熟した時期

土星が表すもの・・・社会的な肩書き　試練　プレッシャー　苦手意識　制限
枠組み　堅実　努力　晩年

土星は中年期〜高年期に最も影響します。組織や会社で働いた後、定年を迎え、社会から引退する時期です。現代では定年退職の年齢が引き上げられている会社もありますが、多くの方が退職されるのではないでしょうか。

再雇用で働く方も多いと思いますが、子どもも独立している場合が多く、自分たちの老後を考えていくことになります。第二の人生の始まりですね。

還暦を迎え、これまでの努力が肩書や社会的立場となって表れる人も多いでしょう。積み上げてきた人生経験により、揺らがない自己が確立されている方が多くなります。ここまで一生懸命培ってきたことが発揮できる年代です。

しかし、人は年を取ると頑なにもなります。自分の中の常識だけで物事を判断したりしないよう、くれぐれも注意したいものです。

♅ 天王星の年齢域（71～84歳）・・・新しい価値観で生き直す時期

天王星が表すもの・・・改革　独自性　未来　変化　個性　刷新　発明
斬新　インターネット

天王星は老後に最も影響します。社会的に引退をして、社会の一線から離れて暮らす隠居の時期です。現代では若い70～80歳の方も多いですが、一般的には現役を退く年齢です。「人は年を取ると子どもに返る」と言いますが、天王星期は社会での責務を果たし終え、子どものように自由に生きられる時期なのかもしれません。

カルチャーセンターで何かを学んだり習ったりするシニアの方、多いですよね。若い頃なら「仕事に役立つから」「この資格があると給料がアップするから」という判断基準で勉強していたかもしれませんが、この時期になるとそういった制限から解放され、自分が好きなことや純粋に興味があることを選べるようになっているからではないでしょうか。

社会の枠から自由になり、新たな価値観で生きていくのが天王星期なのです。

第2章　ホロスコープとは

先の章で書いた「年齢域」という概念はとても興味深いものです。その星のエネルギーについては、何で算出するか表現するかについては「ホロスコープ」を使用します。

本章ではホロスコープについての基礎知識を皆さんに知って頂きたいと思います。非常に簡潔に分かりやすく書きましたので、是非、目を通してその後の章のアドバイスを読み進めていって下さい。

ホロスコープってなに？

ホロスコープとは、ある瞬間の天体の配置を示した図のことです。あなたが生まれた瞬間の天体の配置図を**出生図(ネイタルホロスコープ)**といい、本書ではこの出生図のみを扱います。出生図は一人ひとり全く異なっており、その人の**魂の設計図**だと言われています。

※他にも、今現在の星の動きがあなたにどんな影響を与えているかを知ることがで

きる経過図(トランジット)、未来予測法のひとつである進行図(プログレス)などがありますが、本書では扱いません。

ホロスコープを出してみよう!

あなたの魂の設計図である「出生図」を出してみましょう。
ホロスコープの出し方は非常に簡単です。今やインターネットで無料でホロスコープを作成できるサイトがたくさんあります!本書でいくつかホロスコープ作成サイトをご紹介しますね。

【ホロスコープを無料で作成できるサイト】

・星読み協会　https://freehorocharts.com/chart1
・ＡＲＩ占星学総合研究所　https://www.arijp.com/horoscope/

他にも「ホロスコープ作成　無料」と検索するとたくさんのサイトが出てきます。お好きなサイトで出生図を出してみてください。

【ホロスコープ作成に必要な情報】

・生年月日
・生まれた時間
・出まれた場所（産院のあった市区町村）

生まれた時間は母子手帳に記載されています。
正確な時間が分からない場合は、大まかでもいいので出来るだけ近い時間を入力してください。（朝方なら5時とか、夕方なら17時といったように）
どうしても生まれた時間が分からない場合は、昼の12時生まれとしてホロスコープを出してみてください。

ただし、月は1日で約13度移動していくため、生まれた時間によっては月星座が変わる場合があります。判定結果の月星座がしっくりこない場合は、その前後の星座も確認してみてください。

また、生まれた時間が正確でない場合は、ハウスの特定ができません。天体の星座のみをチェックするか、後ほどお伝えする「出生時間が分からない場合のハウスの出し方」を試してください。

実際のホロスコープ（著者の出生図）　※画像提供元　星よみ協会

TOP画面の「ネイタルチャート（1重円）初心者向けのチャート」を選択する。
情報入力画面で「プラシーダス」を選択。
クリックするとホロスコープが表示されます。

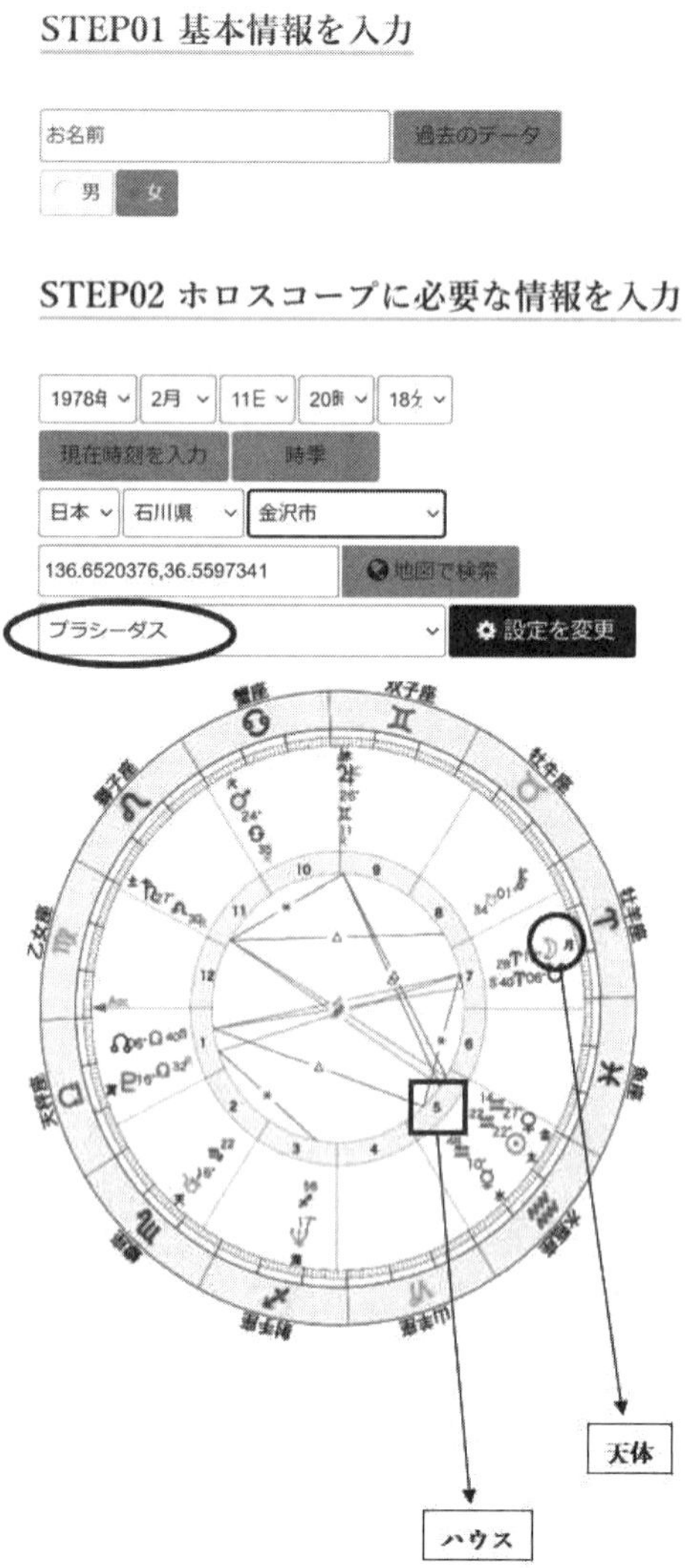
STEP01 基本情報を入力
お名前
過去のデータ
男
女
STEP02 ホロスコープに必要な情報を入力
2月
現在時刻を入力
日本
石川県
金沢市
136.6520376,36.5597341
地図で検索
プラシーダス
設定を変更
蟹座
双子座
牡牛座
牡羊座
魚座
水瓶座
山羊座
射手座
蠍座
天秤座
乙女座
獅子座
天体
ハウス

チェック①　ホロスコープの中の天体をチェックしよう！

ホロスコープを出したところで、「わぁ〜！この記号はなに？」「どう見たらいいんだろう？」と戸惑われた方もいるのではないでしょうか？

初めてホロスコープを見ると、何が何だか分からない・・・という方がほとんどです。

これから見るポイントをしっかりお伝えしますので、どうぞ安心なさってくださいね。

円のホロスコープの中に☉や☿などの記号があるのが分かりますか？

この記号はそれぞれ天体を表しています。

この記号は皆さん、おなじみの月以外はあまり馴染みがないかもしれません。

ちなみに、占い好きな私の知人はこの天体の記号を覚える際に「木星は数字の4に似ている記号」「土星は、ひらがなの「ち」に似ている記号」「火星は男性チックな記号」「天王星は港にある碇（いかり）に似た記号」と覚えたそうです。

「あなたが生まれた瞬間、これらの天体がこの星座の位置にありましたよ」ということを示したのが出生図（ネイタルチャート）です。

多くの人が認識している星座というのは、太陽星座と呼ばれるもので、これは【あなたが生まれた瞬間に太陽が位置していた場所】を表したものです。

太陽星座というのは、「自分自身」「人生の目的」「自分らしさの根源」など自分のコアな部分を示すものではありますが、あなたの一部分でしかないため、太陽星座のみに焦点を当てて書かれた星占いの内容などはあまりしっくりこないという方もいます。

月☽　太陽☉　水星☿　金星♀　火星♂　木星♃　土星♄　天王星♅

本書ではこの8つの天体を見ていきます。

海王星♆と冥王星♇という天体もあるのですが、海王星は85歳以降～死ぬまで、冥王星♇は死後の世界を表すため、今回、本書では詳しく取り上げません。

ご自身のホロスコープを出したら、これら8つの天体の星座をチェックしてくださいね。

星座は全部で12個あります。

本来、空で輝いている星座とホロスコープ上の星座は違うため、区別するために、西洋占星術の世界では星座のことをサインと呼んでいます。

西洋占星術の12星座は、地球から見た太陽の通り道である黄道を均等に分割したものです。

しかし、本書では「分かりやすいこと」を第一に考え、サインではなく、皆さんにとってなじみのある星座という表記で統一したいと思います。

牡羊座・牡牛座・双子座・蟹座・獅子座・乙女座・天秤座・蠍座・射手座・山羊座・水瓶座・魚座で12星座です。

【例】著者の8つの天体の星座

月☽・・・・・牡羊座
水星☿・・・・水瓶座
金星♀・・・・水瓶座
太陽☉・・・・水瓶座
火星♂・・・・蟹座
木星♃・・・・双子座
土星♄・・・・獅子座
天王星♅・・・蠍座

チェック② 天体のあるハウスをチェックしよう！

８つの天体の星座がチェックできたら、次にその天体が入っているハウスを見ていきましょう。

ここで、ハウスについて解説します。ハウスという言葉を初めて聞いた、という方も多いかもしれませんね。ハウスというのは、天体が入っているお部屋のことです。

ホロスコープ上の内側の円の中に１～12という数字が振ってあるのが分かりますか？私の出生図でいうと、太陽・水星・金星の３つの天体が５という数字のお部屋に入っているのがお分かりいただけるかと思います。

占星術では、よく、天体は役者でハウスは舞台に例えられます。どんなキャラクター（天体）がどんな舞台（ハウス）でどんなドラマを作りあげていくか？と考えていただけたら分かりやすいかと思います。

なんだか難しそうだぞ？と思った方も心配はいりません。出生図から各天体の入っているお部屋の数字をチェックしてください。

出生時間が分からない場合のハウスの出し方

12ハウスは出生時間が分からないと特定することができません。

生まれた時間が分からず、仮に12時生まれとしてホロスコープを算出している場合、出生図にハウスの数字は出ていますが、正確ではないため、ハウスは見ません。

しかし、出生時間が分からない場合でもハウスを出せる方法があるのです。
それがソーラーサインハウスシステムという方法です。
ご自身の太陽星座が入っているハウスを1ハウスとしてホロスコープを出すという方法です。出生時間が分かる場合のホロスコープより簡易的だと言われていますが、私の経験上、これはこれで合っていると感じる点が多いです。

ソーラーサインハウスシステムが使えるホロスコープ作成サイトは限られていますが、【ホロスコープを無料で作成できるサイト】で前述したＡＲＩ占星学総合研究所のサイトはソーラーサインハウスシステムに対応しています。

情報入力画面の【サインシステム】のところで、ソーラーサインハウスを選択するだけで簡単に作成できます。
または、生年月日の入力のところで時刻不明にチェックをつけると、自動的にソーラーサインハウスシステムでホロスコープが作成されます。

【例】著者のハウスをソーラーサインハウスシステムで出した場合

太陽・水星・金星が１ハウス
月が３ハウス
木星が５ハウス
火星が６ハウス
土星が７ハウス
天王星が10ハウス

このソーラーサインハウスシステムで出したハウスとプラシーダスで出したハウスを比較すると、意外にどちらもしっくりきます。

ハウスの5度前ルールとは

もうひとつハウスを見る時に気をつけてほしい点があります。それは、ハウスとハウスの境界線近くに天体がある場合は、その天体は次のハウスの影響も受ける可能性があります。西洋占星術では「5度前ルール」というものがあり、【次のハウスに入る5度手前以内であれば、次のハウスも見ていい】という考え方があります。

ハウスの始まりの線を「カスプ」といいます。

1星座30度ずつで構成されており、ホロスコープを作成すると、図の下に「天体の位置」「ハウスのカスプ」が表示されます。天体がハウスのカスプに近いところにある場合は是非チェックしてみてください。著者の場合、金星があと3度で6ハウスに入ります。なので、金星は5ハウスと6ハウスの両方で考えます。同様に、木星もあと1度で10ハウスに入りますので、9ハウスと10ハウスの両方で考えます。土星も5度前ルールが適用になるため、11・12ハウスの両方を見ます。金星♀が6ハウスカスプに近いのでチェックしてみると、6ハウスにあと3度で入ることが分かります。(画像提供元　星よみ協会)

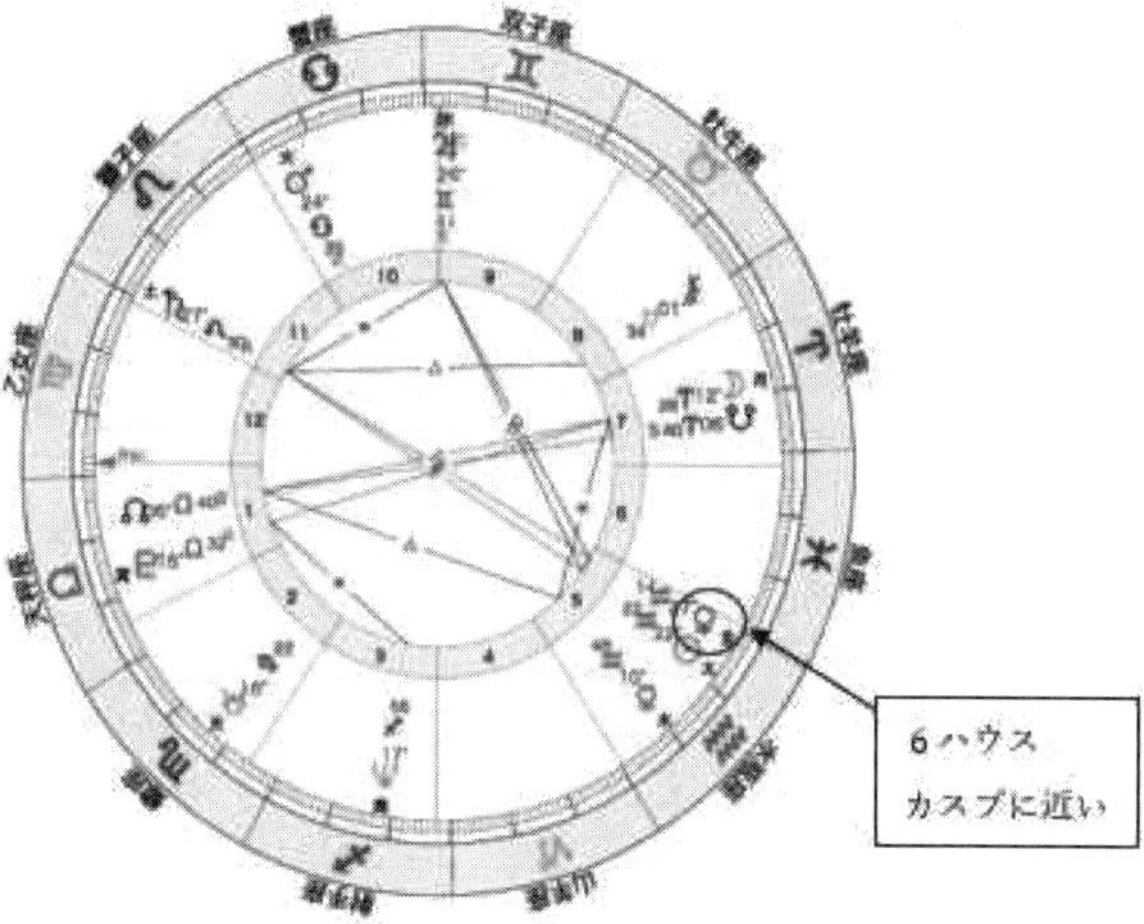

天体の位置

☉太陽	♒水瓶座	22°22'	5ハウス
☽月	♈牡羊座	12°28'	7ハウス
☿水星	♒水瓶座	10°40'	5ハウス
♀金星	♒水瓶座	27°14'	5ハウス
♂火星	♋蟹座	24°35'	10ハウス
♃木星	♊双子座	26°11'	9ハウス
♄土星	♌獅子座	27°30'	11ハウス
♅天王星	♏蠍座	16°22'	2ハウス
♆海王星	♐射手座	17°56'	3ハウス
♇冥王星	♎天秤座	16°32'	1ハウス
☊ドラゴンヘッド	♎天秤座	6°40'	1ハウス
☋ドラゴンテイル	♈牡羊座	6°40'	7ハウス

ハウスのカスプ

1ハウス	♍乙女座	27°47'
2ハウス	♎天秤座	24°23'
3ハウス	♏蠍座	24°43'
4ハウス	♐射手座	27°52'
5ハウス	♒水瓶座	0°21'
6ハウス	♓魚座	0°52'
7ハウス	♓魚座	27°47'
8ハウス	♈牡羊座	24°23'
9ハウス	♉牡牛座	24°43'
10ハウス	♊双子座	27°52'
11ハウス	♌獅子座	0°21'
12ハウス	♍乙女座	0°52'

なお、ハウスの始まりの線を「カスプ」と言うと述べましたが、特に人に影響するカスプが４箇所、存在しますので説明します。

（１）12ハウスと１ハウスの境目のカスプ・・・ここはＡＳＣ（アセンダント）と呼ばれる場所で、この付近に星があると、あなたはその星から強い影響を受けていることになります。その星のエネルギーが顕現化して自分が活躍できるのです。

（２）３ハウスと４ハウスの境目のカスプ・・・ここはＩＣ（アイシー）と呼ばれる場所で、家庭や住居に関することが象徴的に現れる場所です。

（３）６ハウスと７ハウスの境目のカスプ・・・ここはＤＥＣ（ディセンダント）と呼ばれる場所で、人間関係や恋愛相手、結婚相手の情報に関することが現れます。

（４）９ハウスと10ハウスの境目のカスプ・・・ここはＭＣ（エムシー）と呼ばれる場所で、主に仕事に関することが象徴的に現れる場所です。

【著者のハウスを５度前ルールを踏まえて考えた場合】

太陽・水星が５ハウス
金星が５・６ハウス
月が７ハウス
木星が９・10ハウス
火星が10ハウス
土星が11・12ハウス
天王星が２ハウス

５度前ルールが難しい！面倒だ！という場合は、単純にその天体が入っているハウスのみを見ても大丈夫です。
まずは、ご自分のホロスコープを出してみる。そして、少しずつ理解を深めていただければと思います。

星座とハウスが示すキーワード一覧

さて、本書では各年齢域のテーマを星座とハウスごとに具体的に解説していきます。その前に、この章で基本となる星座とハウスの意味をご覧ください。

牡羊座【キーワード】

情熱的・積極的・活発・勇気・正義感・チャレンジ精神・スピーディ・即断即決・スポーティ・実行力・無謀・嘘がない・純粋・真っすぐ・単純・短気・熱しやすく冷めやすい・衝動的・開拓精神　など

牡牛座【キーワード】

美しさ・上質・本物志向・金銭・価値あるもの・着実・ゆったり・マイペース・才能・五感・美的感覚・芸術的・穏やか・こだわり・マイペース・地に足がついている

・粘り強さ・忍耐・安定・所有・土地　など

双子座【キーワード】

二面性がある・２つのことを同時進行できる・コミュニケーション・情報・情報収集・好奇心・知性・話す・聞く・軽やか・友達感覚・広く浅い・近距離の移動（国内）・呑み込みが早い・飽きっぽい・お調子者　など

蟹座【キーワード】

大切な人・親しい人・家族・身内・家庭・母性・戒心が強い・防御・引っ込み思案・優しい・温情がある・共感力がある・繊細・面倒見がいい・いざという時強い・敵には攻撃的・人の好き嫌いが激しい　など

獅子座【キーワード】

自己表現・自己アピール・クリエイティブ・ドラマチック・リーダーシップ・プライドが高い・自我が強い・華やか・エンターテイナー・恋愛・ブランド・注目されることが好き・自己顕示欲が強い　など

乙女座【キーワード】

現実的・実用的・秩序・奉仕・ルーティン・真面目・一途・誠実・責任感・サポート・日常的・管理する・整理整頓・清潔・働き方・用心深い・ストレス・批判的・心配性・事務的・理知的　など

天秤座【キーワード】

公平さ・仲介・バランス感覚・社交的・人間関係・パートナーシップ・人脈・洗練されたセンス・外見的な美・交渉・契約・チームプレー・美しいものが好き・愛想が

いい・魅力的・優柔不断・八方美人　など

蠍座【キーワード】

探求心・集中・研究・洞察力・深く掘り下げる・狭く深く・特殊な資格・こだわり・忍耐強さ・一途さ・秘密・秘めた情熱・深い愛・我慢強い・執着心・嫉妬・心を許すまで時間がかかる　など

射手座【キーワード】

高度な知識・拡大・発展・冒険・自由奔放・探求・道徳心・アクティブ・広い視野・高等教育・興味の幅が広い・海外・外国・語学・営業・ベンチャー・出版・マスコミ・プラス思考・志が高い・束縛を嫌う　など

山羊座【キーワード】

努力・責任・真面目にコツコツ・地道・伝統的・古風・計画性・肩書・権力・堅実・我慢強い・ストイック・組織・社会の枠組み・社会貢献・現実的・世の中のルール・頑固　など

水瓶座【キーワード】

革新的・独自性・個性的・頭の回転が速い・ユニークな発想・平等・友愛精神・フレンドリー・博愛・理知的・IT・グローバル・最先端技術・進歩的・独創的・交流・同志・コミュニティ・生意気・反抗心・反骨精神　など

魚座【キーワード】

夢・幻想・思いやり・優しさ・同情心・共感力・人の気持ちに敏感・奉仕的・献身的・福祉・浄化・祈り・尽くす・イマジネーション・ロマンティック・感受性豊か・

芸術的・流されやすい・妄想　など

ハウスの解説

１から順番に１～12ハウスとなります。１つずつのハウスが意味を持っており、どのハウス（部屋）にどんな星座や天体が入るのかを見ていきます。

実際のホロスコープのハウスは図のように均一ではなく、狭い部屋や広い部屋があり、バラバラの大きさになります。

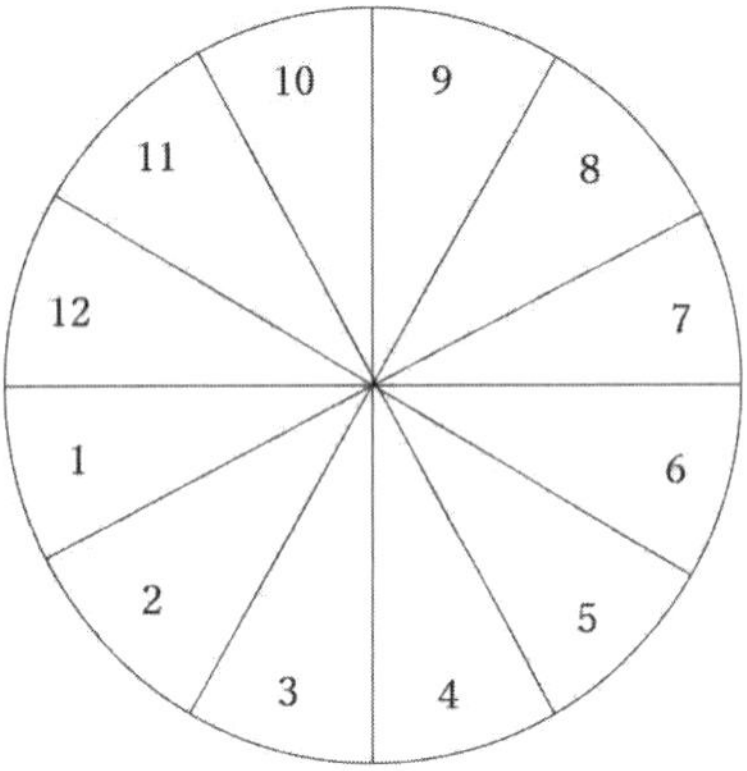

1ハウス

【1ハウスが表すもの】

1ハウスは、自分自身を表す「自我のハウス」です。自分を知るうえでとても重要な場所です。自分の姿は鏡を見ないと認識できないように、このハウスに入る天体や星座の性質は、自分にとっては無自覚な場合があります。

【キーワード】

自分自身・個性・気質・本質・体質・第一印象・表向きの顔・プライベート・身体的特徴・容姿・イメージ・独特の雰囲気・生まれた時の状況や家庭環境　など

2ハウス

【2ハウスが表すもの】

2ハウスは、所有物や財産を表す「価値のハウス」です。
自分のお金を稼ぐ能力、才能（＝個人が持っている優れた価値）など物質的な豊かさを見る場所です。

【キーワード】

お金・財産・所有・個人の才能・動産・価値・経済的能力・五感・物質的な豊かさ・現実的・地域社会・芸術的なもの　など

3ハウス

【3ハウスが表すもの】

3ハウスは、知識やコミュニケーション能力を表す「知性のハウス」です。知性を必要とする勉強や学習、読み書き、話すなど言語に関わる能力全般を表す場所です。

知的な適性や精神的な向上に関わります。

【キーワード】

知性・知識・思考・情報・情報交換・判断・コミュニケーション・伝える・勉強・学習・資格・兄弟姉妹・初等教育・好奇心・会話・近距離の移動・国内旅行　など

４ハウス

【４ハウスが表すもの】

４ハウスは、家庭やプライベートを表す「基盤のハウス」です。

自分にとっての古巣のようなほっとできる場所、生まれ育った家庭や結婚後の家庭、プライベートな生活環境を表す場所です。

【キーワード】

家庭・家族・基盤・土台・心地よくいられる場所・心のよりどころ・信頼できる仲間・親友・プライベート空間・不動産・ライフスタイル　など

5ハウス

【5ハウスが表すもの】

5ハウスは、恋愛や楽しみ、創造力を表す「自己表現のハウス」です。人生における楽しみ、喜びを表す場所です。5ハウスには個人の趣味嗜好や恋愛の傾向が表れます。

【キーワード】

自己表現・創作活動・創造・恋愛・趣味・レジャー・娯楽・芸術活動・出産・子ども・遊び・個人的な楽しみ・ゲーム・ギャンブル　など

6ハウス

【6ハウスが表すもの】

6ハウスは、仕事や労働、健康を表す「内省のハウス」です。生活手段のための仕事を表し、雇われる側や奉仕する側など、受け身的な場所に当たります。

【キーワード】

内省・職場・職場環境・整理整頓・奉仕・義務的な仕事・生活手段としての仕事・仕事のやり方・受け身・サポート・健康・実務能力・技能・ケア・ペット　など

7ハウス

【7ハウスが表すもの】

7ハウスは、自分以外の他者を表す「対人のハウス」です。結婚相手やパートナー、友人関係など、自分の人生に大きく関わる他者を表す場所です。

【キーワード】

恋人・パートナー・配偶者・結婚・対人関係・協力関係・共同経営者・ライバル・出会いの場・仕事のきっかけ　など

8ハウス

【8ハウスが表すもの】

8ハウスは、譲り受けるもの、受け継ぐものを表す「継承のハウス」です。人のものを譲り受けて自分のものにするという意味を持ち、配偶者の収入や遺産など、もらえるお金を表す場所です。

【キーワード】

継承・遺産・相続・配偶者の収入・不労所得・権利収入・保険金・大企業・親族関係・結婚生活・性的なこと・死と再生・絆を深めること・借金・スピリチュアル・神秘性　など

９ハウス

【９ハウスが表すもの】

９ハウスは、精神性の向上や高い教養を表す「探求のハウス」です。哲学的な思想や、異文化、異国の言語など高尚な学問を学んだり、教養を深めることに縁のある場所です。

【キーワード】

精神性・教養・探求・深く考える・専門分野・高等な学問（大学、研究室など）・哲学・法律・学術・教え導くこと・宗教・マスコミ・出版・広告・長期の移動・海外旅行・異文化・外国・貿易　など

10ハウス

【10ハウスが表すもの】

10ハウスは、肩書や社会的地位を表す「社会的な目標のハウス」です。ホロスコープ上の天頂に当たり、個人が努力の末に到達できる最も高い位置にある場所です。

【キーワード】

肩書・役職・社会的な地位・社会での在り方・天職・使命・キャリア・仕事・社会の中で成し遂げたいこと・社会的役割・名誉・名声　など

11ハウス

【11ハウスが表すもの】

11ハウスは、大勢の人やサークルを表す「コミュニティのハウス」です。友人関係や趣味のサークル、放課後の習い事など、地域や年齢に縛られない自由な交流を表す場所です。

志を同じくする仲間との縁が深い場所になります。

【キーワード】

サークル・コミュニティ・仲間・同志・趣味の合う仲間・大勢の人・未来的なビジョン・放課後・利権の絡まない関係・自由・革新的なもの・政党・NPO団体　など

12ハウス

【12ハウスが表すもの】

12ハウスは、精神世界や秘密などを表わす「目に見えないハウス」です。
心の内側や、秘めた想い、１人の時間など、人目につかない隠れたものを表す場所です。

【キーワード】

目に見えないもの・心の奥底・スピリチュアル・理想・夢・癒し・浄化・インターネット・マスメディア・福祉・終末期・ボランティア・芸術性・ホスピス　など

第3章　星座とハウス別・年齢域ごとのテーマ

天体の星座とハウスについて

この章では、具体的に年齢域ごとのテーマについてまとめています。

ご自身の天体の星座とハウスをチェックして、両方ご覧ください。

占星術において、天体は**登場人物**、星座は天体の**個性**、ハウスは天体が個性を発揮する**場所**を表しています。

天体の星座×天体が入っているハウスで、どんな場所でどのように個性を発揮できるか、が分かります。

特に、木星より遠い天体はハウスが重要になります。木星以遠の天体は進行速度が遅いので、年代が同じ場合は同じ星座になるのですが、ハウスは人によって異なるため、ハウスの方がより個人的なテーマを表わしているからです。

また、星座とハウスの意味は似ていて牡羊座と1ハウス、牡牛座と2ハウス、双子座と3ハウス、蟹座と4ハウス、獅子座と5ハウス、乙女座と6ハウス、天秤座と7ハウス、蠍座と8ハウス、射手座と9ハウス、山羊座と10ハウス、水瓶座と11ハウス、魚座と12ハウスがそれぞれ同じような意味になります。

金星の年齢域のテーマ・お勧めのアクション・より良く生きるためのヒント

金星の年齢域は16～25歳頃です。ちょうど高校生～社会人になる頃で恋愛にも関心が高くなる時期でしょう。

好きな人や恋人ができたり、部活に打ち込んだり、将来の夢を考え出したり、アルバイトしてお金を稼ぎだしたり、希望に溢れた楽しい時期ではないでしょうか？

金星は「喜び」「楽しみ」「美しさ」「お金」を表わします。金星期は自分の「好き」を広げていく時期だと私は考えています。

年齢域を過ぎても自分の好きなことや趣味、恋愛の傾向として金星の力が働きます。この時期はどんな仕事に就きたいかと考える時にも金星の影響を受けます。例えば金星が乙女座なら、この時期は医療系やアシスタント的な職業に興味を持っていたかもしれません。

また、金星はお金の使い方にも関係します。金星が牡牛座なら美味しいものにお金を使ったり、射手座なら旅行や学びに使ったりといった感じです。

金星の年齢域を過ぎている場合は、趣味や自分を磨く方法として金星の力を使っていってください。インテリアやファッションに金星のパワーを取り入れるのもおすすめです。

金星・牡羊座のテーマ・・・直感を信じて好きなことをやる

好き嫌いがハッキリしていて直感で「これが好き！」と思うタイプなので、恋愛も一目ぼれが多いかもしれません。好きな人には真っすぐにアプローチし、周囲からも分かりやすい人と映るでしょう。活発で体を動かすことも好きなので、アクティブなデートがしたいと考える人が多いです。野外でのアクティビティやスポーツをすると楽しめるでしょう。

また感覚が鋭いので、あなたが気に入ったものが後から流行したということもあったのではないでしょうか？人より2～3歩早く流行をキャッチします。金星期は直感で好きなことを選ぶようにすると良いでしょう。

学生の頃、アスリートや何かのプロになりたいと頑張っていた人もいるかもしれませんね。好きなものにはパッとお金を使う傾向があり、周囲が驚くような大胆さがあります。じっとしているのは苦手なので、仕事は事務より営業向きです。新進気鋭のものにも抵抗がないのでベンチャーもおすすめです。

【お勧めのアクション】

スポーツやダンスなど体を使って楽しむ趣味を持つ、ドライブ、スポーツ観戦、スポーティで動きやすいファッションにする

【より良く生きるためのヒント】

迷ったら「自分にとって情熱をかけられるものかどうか」で決めましょう。成長するにつれ、いろいろ考えて思考が複雑になりがちですがシンプルに自分の好きと情熱に従って答えを出すとうまくいきます。

また「1番になること」にもこだわりがあるので、自分が勝てる分野を選ぶのも大切です。

金星・牡牛座のテーマ・・・五感を磨く

価値あることにお金を使いたいと考えるタイプです。グルメなので美味しいものを食べたり、上質な服を買ったりするのが好きです。

良いものを長く愛用するタイプで、高いものを買ってもずっと使うので結果的に賢い選択といえます。上質な持ち物を褒められることや髪や肌の手入れをきちんとしている人も多いでしょう。

金星が牡牛座の人は堅実なので、金運が安定していると言われます。

恋愛においても、しっかり相手を吟味して選ぶタイプです。条件を考えて交際を決める人が多いのではないでしょうか?好きになったら一途で、安定した関係を築いていけるでしょう。美味しいものを食べに行き、レストランデートや自然を愛でるガーデンデートが楽しめそうです。

美食家なので食関係や美しさを提供する美容関係、声を使うナレーターや声優、お金を扱う金融関係の仕事も向いています。

金星期は、美しいものに触れて自分の五感を磨いていきましょう。

【お勧めのアクション】

お金の勉強をする、花や美術品を部屋に飾る、オペラやバレエ鑑賞、上質で着心地の良いファッションにする（シルク、カシミア、オーガニックコットンなどの素材）、香水やアロマをつける、喉のケアをする

【より良く生きるためのヒント】

ものや人へのこだわりが強く、執着心が強いところがあります。損得勘定を無意識にしてしまうこともあるでしょう。肩書やステイタスではなく、その人本来の良さを見つけることができたら、精神的な充足感が増すでしょう。

金星・双子座のテーマ・・・軽やかに楽しむ

情報収集がうまく、新しいお店のオープン情報や話題のスポットなどをよく知っているタイプです。友達から恋愛に発展することが多く、同じ目線で話ができる相手を好みます。堅苦しい雰囲気が苦手なので、同級生や同僚など気さくに話せる間柄が落ち着くでしょう。

フットワークが軽く、休日もどこかへ出かけることが多いのではないでしょうか？ノリが良く、友人からのお誘いも多めなので、散財しがちな点があります。貯蓄も楽しみながらだとできるタイプなので、持ち前の情報集力を活かして、お金の運用方法を調べるなどしてみると良いでしょう。

話すことや書くことが好きな人も多く、青春時代は司会やアナウンサーを目指していた人もいるかもしれません。情報を収集するだけでなく発信も得意なので、自分でなにか発信をしてみるのもおすすめです。

金星期は旅行や副業など、フットワーク軽くいろんなことを体験していきましょう。

【お勧めのアクション】

友人や恋人とのおしゃべりを楽しむ、ＳＮＳで情報収集や発信をする、近所散策、国内旅行、食べ歩き、カジュアルで親しみやすいファッションにする（デニム、パンツスタイルなど）、サイクリング、副業、サブスク利用（ファッションレンタルサービス、キンドルアンリミテッドなど）

【より良く生きるためのヒント】

楽しいことが好きで、ネットを使った遊びも大好き！という人が多いです。ゲームやＳＮＳをやるのも好きでしょう。しかし、気をつけないとついダラダラやり過ぎてしまうので「ゲームは1時間だけ」というように、時間を決めると良いでしょう。また、ネットには様々な情報が入り混じっています。「役立つ情報だ！」と思っても実はフェイクニュースだったということも有り得ます。真偽を確かめずに拡散することがないよう注意しましょう。

金星・蟹座のテーマ…心許せる仲間を大切にする、自分の土台を築いていく

家や行きつけのお店で過ごすのが好きです。子どもや動物が好きで、ペットを飼っている人も多いのではないでしょうか?

好きな人ができたら手料理をふるまったり、手作りのプレゼントを渡したり、とにかく相手のお世話をしてあげたいと思うタイプです。親しい友人や恋人に贈り物をするのも好きでしょう。

結婚願望が強いため、早く子どもが欲しいと思っていた人や可愛い雑貨や日用品が好きで、雑貨屋さんやインテリアショップで働きたいと思っていた人もいるかもしれませんね。

保育士など子どもと接する仕事、住宅会社など衣食住に関わる仕事、アットホームな雰囲気の職場で働くのが向いています。

金星期は家族や友人など心許せる仲間との交流を大切にし「これが、私」という自分の心の土台を築いていく時期です。

【お勧めのアクション】

ホームパーティ、家でまったりする、ペットを飼う、ホームドラマを観る、温泉に行く、デコルテがきれいに見えるファッションにする（オフショルダーやボートネックのトップスなど）

【より良く生きるためのヒント】

人見知りの人が多く、人付き合いが偏りがちな傾向です。

時には居心地のいい場所から出てアウェイに飛び込むことで新しい出会いや繋がりが生まれるでしょう。

思い切って1人でイベントに参加するなどの行動を起こしてみましょう。

出かけた先のお店のインテリアがすごく好みで自宅に取り入れることができるなど、外に出ることで得られるものがあるはずです。

金星・獅子座のテーマ・・・華やかに生きる

華やかで品のある人です。

着飾ることや自分を磨くことが好きで、常に美しくいたいと思っているでしょう。

人にどう見られるか周りの評価を気にするため、恋愛でも相手に求めるハードルは高いでしょう。

テレビや映画に出てくるような、一流レストランでのプロポーズや豪華な結婚式に憧れているかもしれません。

自分に敬意を払ってくれる人や大切にしてくれる人を求めます。

自分を表現できる世界で生きたいと芸能やエンターテイメント、美容、ファッション関係の仕事を目指す人も多いです。

金星期は思い切り華やかに「自分が主役！」の気持ちで生きてください。

【お勧めのアクション】

バレエや演劇、チアリーディングをやる、芸術鑑賞、メイクする、芸能や美容関係の仕事をする、華やかなファッションにする（カラフル、王道のブランド、セレブ感のあるコーディネートなど）、一流ホテルで食事する

【より良く生きるためのヒント】

華やかな表舞台に立つには努力が必要です。その過程も楽しめるように、何かに取り組んでいる時は「今日はこれをやった」「ここまで出来るようになった」などとSNSで日記的な記録をしてみましょう。応援されると頑張ろう！という気持ちが増すのでおすすめです。大勢の人の中で輝くのが獅子座ですから協調性を大切に、周囲への気遣いも忘れずに過ごしましょう。

金星・乙女座のテーマ…興味のあるテーマを研究、分析する

整理整頓が得意で、すっきりした空間が好きな人が多いです。

健康意識が高いため、バランスのいい食事を好み、お灸や足ツボなどの健康法を取り入れている人もいるでしょう。

ややオタク気質のところがあり、金星期には好きなものをコレクションしたり興味のあることを分析してとことん調べたりするでしょう。

それが将来の仕事にも繋がっていくかもしれません。

栄養士などの健康に関する仕事や鍼灸師、看護師など医療系の仕事、研究職などに適性があります。

恋愛に関しては受け身で自分から積極的に行動しないタイプです。

リスク管理が得意でお金も手堅く増やすでしょう。

【お勧めのアクション】

部屋の掃除や片づけ、機能的なインテリアにする、ハーブテント、よもぎ蒸し、リンパマッサージなどを受ける、ハーブティーを飲む、シンプルで清潔感のあるファッションにする（コンサバスタイル、スーツなど）

【より良く生きるためのヒント】

合理的でスマートな人で、不要なものはバッサリ捨てることができます。
しかし、自分にとって不要でも世の中にはそれが欲しいと思う人もいます。
まさに「捨てる神あれば拾う神あり」です。
捨てる前に欲しい人がいないか聞いてみて欲しい人がいたら譲ってあげましょう。
役立ててもらえると嬉しいと感じるはずです。

金星・天秤座のテーマ…人から学び、チャンスを得る

都会的でセンスが良く、流行に敏感な人です。

人付き合いもうまく、誰とでも適度なバランスを保つのでトラブルが少ないでしょう。

おしゃれで会話のセンスがあり、気が利くため異性からも人気があるでしょう。

モテモテな人も多いのではないでしょうか？

人からの紹介でお付き合いすることもありそうです。

おしゃれに敏感なのでファッションやインテリア関係、接客業などに向いていています。

服や美容、交際にお金を使いますが、毎月一定額は積み立てるなど収支のバランスがいいタイプです。

仕事もお金も人から運ばれてくるので、人付き合いにお金を惜しまない方が良いでしょう。

金星期は人との関わりから学び、チャンスを得ることが多いでしょう。

【お勧めのアクション】

エステやネイルサロンへ行く、カラー診断や骨格診断を受ける、流行りのカフェに行く、フラワーアレンジメントやマナーレッスンなど自分を磨く習い事をする、流行のファッションにする（トレンドのもの、センスのいいセレクトショップのもの）

【より良く生きるためのヒント】

人からどう見られるかが気になるかもしれませんが、時には自分が好きなものを思い切り楽しんでください。

似合う服より着たい服を選ぶ、ウケのいいメイクではなく自分がしたいメイクにするなど、ＴＰＯはわきまえつつ自分の好みを優先する日も作りましょう。

金星・蠍座のテーマ・・・探求したいものを見つける

何かを探求し、その道を極めていくのが好きな人です。

ややマニアックなものに惹かれ、スピリチュアルや占いが好きという人も多いでしょう。

納棺師のような特殊な仕事に興味を持つ場合もあります。目に見えない深い部分を感じ取ることができるので、恋愛もどこか影がある人やミステリアスな人を好きになる傾向が強いです。

愛情深く好きになった相手には一途に尽くし、性的な繋がりも大切にしたい人です。

反面、執着心も強いので別れても引きずってしまいがちです。

奥手で自分からは、なかなかアプローチしないでしょう。

金運には恵まれていて相続運もあります。

スポンサーに援助してもらえることもあるかもしれません。

この時期は自分が専門的に深めていきたいことを見つけ、探求していくことになりそうです。

【お勧めのアクション】

恋人や親友とおそろいのアイテムを持つ、ミステリー小説を読む、セクシーさのあるファッション（ボディコンシャス、フィット感のある素材）にする、ランジェリーにこだわる、水辺のカフェやレストランに行く、温泉や岩盤浴に行く

【より良く生きるためのヒント】

内気で人見知りなので、いつも同じメンバーで行動することが多いでしょう。
思い切って今まで話したことのない友人や同僚と話してみることも良いでしょう。
そういった行動があなたの世界が広がるきっかけになります。

金星・射手座のテーマ…よく遊び、よく学ぶ

高い理想を持ち、向上心がある人です。

学び合える関係が理想で共に成長できる相手を求めます。

自由に行動したいので、束縛する人はＮＧです。経験や体験にお金を使うタイプで旅行や学びには惜しみません。

一緒に旅行やアウトドアを楽しめるデートが理想でしょう。

将来は海外で働きたいとか、海外に日本文化を伝えたいなどの夢を持つかもしれません。

通訳や翻訳、ＣＡなどの職種にも興味を持ちそうです。

金運は大きく稼ぎ大きく使うタイプで波がありますが、どんな状況でも人生を楽しめる人です。

外でのアクティビティなど遊びを通して学ぶことも多いです。この時期は大いに遊び、体験を通じて自分を磨いていきましょう。

【お勧めのアクション】

バイトする、海外ドラマを観る、外国語の習得、洋楽を聴く、留学する、遠出する（海外旅行、船旅、飛行機の旅、キャンピングカーの旅）、海外ブランドやラフなスタイルのファッションにする（海外輸入品、古着など）

【より良く生きるためのヒント】

語学の習得や大学院で何かを学ぶなど、学び続けることです。
学校卒業後も意欲的に学び続けようとする人です。
仕事に役立ちそうな資格があれば勉強してみるなど、向上心を忘れずに行動することがあなたを成長させる秘訣です。

金星・山羊座のテーマ・・・将来のビジョンを描き、計画を立てる

温故知新という言葉がぴったりで、伝統的なものや古き良きものを愛するタイプです。

アンティークや時代を経た本物が好きで、恋愛においても古風で控えめな人や年上、落ち着いた人を好きになることが多いかもしれません。

趣味が古風なので、話題のスポットより神社巡りや古民家カフェでのデートが好きな人も多いのでは？礼儀正しくきちんとしているので、年配者からのウケもよく、可愛がられるでしょう。

昔の偉人の言葉からインスピレーションを受けたり、歴史から気づきを得たりする人も多いでしょう。お寺の前に張り出してある「今日の教え」的な言葉が好きかもしれませんね。

目的を定めて使うので、金運は安定的です。使う時はどんと使い、不要なところはしっかり切り詰めるタイプです。

将来は公務員や安定している企業に勤めたいと考える人も多いかもしれません。

金星期は、将来のビジョンを描き、今後の計画を立てていくことが大切です。自分が将来どうなりたいか、そのために今なにをすると良いかを考えていきましょう。

【お勧めのアクション】

神社仏閣を巡る、古都を旅する、茶道や華道など伝統的な習い事をする、トラッドなファッションにする（老舗ブランドなど）、能楽やクラシック鑑賞、老舗のレストランや古民家カフェに行く、株式投資

【より良く生きるためのヒント】

流行に惑わされず、自分が良いと思うものやことを大切にしましょう。地味と言われても自分が好きな服を着たり、古典的な趣味を楽しんだりすると良いでしょう。

金星・水瓶座のテーマ…オリジナルの個性を伸ばす

自由な発想をする人で、枠にとらわれない恋愛観や結婚観を持っています。国際結婚や事実婚なども抵抗がありません。同性愛にも偏見がなく、同性を好きになることもあるかもしれません。多様な価値観を受け入れ、広く交流ができるタイプです。「知的で頭の回転が速く、外見も美しい人が好き」と恋人に求める条件は高めです。インターネットを使った繋がりが得意でネットでの出会いも多そう。

恋愛は友人関係から発展することが多い傾向です。束縛されたくないので電話よりもメールを好むでしょう。

キャッシュレスや仮想通貨にも抵抗がなく、お金に対しても先進的な思考を持っています。フリーランスな働き方やノマド的な暮らしに憧れている人も多いかもしれません。勤める場合は年功序列の古い体質の企業ではなく、外資系など実力主義の会社や技術を高く評価してくれるエンジンニア系の職種もおすすめです。

金星期はあなたの個性をどう社会に活かしていくかを考えてスキルを磨く時期です。

私は金星が水瓶座なのですが自由な校風が気に入って進学先を選びました。ファッションも個性的なデザインのものが好きでアシンメトリーの服やごつめのアクセサリーを好んで身につけていました。学生時代にはバイト代でポケベルを手に入れ、友人とメッセージを送り合うのがとても楽しかったのを覚えています。

【お勧めのアクション】

サークルや多様性のある人たちの集まりに参加する、ＩＴスキルを身につける、未来的な音楽を聴く、頭脳ゲームをする（謎解きなど）、星空を見る、個性的で人とかぶらないファッションにする（一点もの、オーダーメイド）

【より良く生きるためのヒント】

場所や時間に縛られず自由に働きたいならＩＴの力を味方につけましょう。動画編集など、ＰＣやスマホで出来るオンラインビジネスを始めるのもおすすめです。

金星・魚座のテーマ・・・目に見えない世界からインスピレーションを受け取る

スピリチュアルや目に見えない世界のことに興味があり、空想するのが好きでしょう。

ファンタジー小説や映画などが好きな人も多いかもしれません。

また、ネットを通じての人との交流や、芸術鑑賞することが癒しという人もいるのでは？

非現実的なことに興味を持ちやすく、どこか不思議な雰囲気を持っています。

クリスタルボウルやライアーなど、ヒーリング系の音楽を演奏する人もいます。

イラストや絵を描くのが好きな人も多いでしょう。

金星期は目に見えないもの（芸術やスピリチュアル、ネットでの交流）から多くのインスピレーションを受け取り、才能を磨いていく時期です。

夢見がちで現実離れした希望を抱きがちですが、イラストや作品をＳＮＳに載せて、多くの人に知ってもらうようにするなど現実的に叶えるためにはどうしたらいいいか計画を立て、できることから行動を起こしましょう。

【お勧めのアクション】

瞑想する、芸術鑑賞（絵画、舞台、音楽）、芸術的な活動をする、ファンタジー小説や映画を観る、写真や動画を撮る、ふんわりガーリーなファッションにする（パステルカラー、シフォンなど軽く柔らかな素材）、リトリートツアーに参加する

【より良く生きるためのヒント】

秘密の恋愛をしやすく、相手に献身的に尽くそうとするところがあります。

それだけ愛が深い人なのですが、自分を大切にして安易に流されないよう気をつけてください。

金星のハウス別・年齢域のテーマ

1ハウス・・・外見を磨く、周囲と調和的な関係をつくる、自分が看板になる仕事

2ハウス・・・自分の才能を磨く、自分の才能でお金を稼ぐ、高級なものを扱う仕事

3ハウス・・・拡散力をつける、コミュニケーションを磨く、話す仕事、教育関係

4ハウス・・・家庭や自分の居心地のいい場所をつくる、家族との時間を大切にする、不動産関係の仕事に就く、家業を継ぐ、家族経営の仕事をする

5ハウス・・・恋愛や芸術を楽しむ、創造的な趣味を持つ、表現する仕事をする

6ハウス・・・資格を取る、芸術センスを活かした仕事、健康に関する知識を深める、医療系の仕事やマネージャーなど人をサポートする仕事をする

７ハウス・・・人との交流、人の紹介でチャンスを得る、素敵なパートナーを得る、インテリア、ファッション、ホテル、ウェディング、婚活、人材派遣

８ハウス・・・親族やパートナーとの深い信頼関係を大事にする、スピリチュアルな世界を探求する、お金やスキル、知識などを受け継ぐ

９ハウス・・・旅行や体験から学ぶ、指導者になる、哲学や法律を学ぶ、出版や広告に関わる仕事をする、旅行に関わる仕事（ガイド、ＣＡなど）をする

10ハウス・・・芸術センスを活かした仕事や活動をする、華やかな活動や仕事をする

11ハウス・・・仲間との交流、ＮＰＯ団体に所属して活動する、ＩＴを楽しく学ぶ

12ハウス・・・慈善活動や社会貢献活動をする、スピリチュアルな趣味を持つ、オンラインサロンなどネットで人と繋がる、福祉や奉仕関係の仕事をする

ワーク　あなたの金星の年齢域のテーマ

わたしの金星星座は「　　　　　　　　　」座　で「　　　　　　　　　」ハウスにあります。

わたしの金星星座のテーマは「　　　　　　　　　　　　　　　　　　」です。

わたしの金星のハウスのテーマは「　　　　　　　　　　　　　　　　」です。

あなたが楽しいと感じることやワクワクすることは何ですか？また、どんなことにお金を使いたいですか？金星の星座やハウスに関わることを意識して取り入れ、人生を楽しみましょう。星座とハウスの年齢域のテーマ・お勧めアクションなどから抜き出してみてください。

『　　　　　　　　　　　　　　　　　　　　　　　　　　　　　　　』

太陽の年齢域のテーマ・お勧めのアクション・より良く生きるためのヒント

太陽期は26～35歳。ちょうど結婚や出産をしたり、家を建てたり、転職、独立起業する人もいるでしょう。人生のターニングポイントを迎える時期です。

太陽は「人生の目的」を表わします。自分がどう生きていきたいか、この人生で何を成し遂げたいか、といったことをこの時期は考えるようになります。世間では、この太陽星座が自分の性格として伝えられることが多いですが、太陽星座が発達するのは26歳頃からなので、10代のうちはピンとこない方もいると思います。ひとつ前の金星期では「楽しいこと」「好きなこと」をやってきた人も、太陽期には自分の生きる意味を見出そうとします。

また、誰にでも29才前後にサターンリターンという時期が訪れます。サターンリターンとは、運行している土星があなたの出生図の土星の位置に戻ってくることで、大きな節目の時期になります。サターンリターンの時に、結婚、独立などをしたという人も多いのです。太陽期は人生の大きな転機を迎える時期になります。

あなたが一生かけてやっていきたいこと、この人生で成し遂げたいことは何でしょうか？

どう生きたいか？は、仕事選びにも直結しますので、太陽期に入ると、太陽の星座やハウスに関わることをやろうと行動する人が多くなります。著者も、この時期、太陽星座に関わることを学び、仕事にしようとトライしました。

著者の太陽星座は水瓶座、５ハウスにあるのですが、「もっと自分らしく生きたい」「子育てを優先しながら、融通が利く環境で仕事がしたい」と思うようになりました。そこで、在宅で何かできたらいいなと考え、ＰＣを習い始めたり、オンラインの副業支援サロンに加入したのがこの時期でした。ＩＴスキルを身につけ（水瓶座）、子育て優先で（５ハウス）仕事がしたいという想いは、星座とハウスに後押しされていたのだなと、当時を振り返ってみて実感しました。

太陽は「自分らしく輝くための力」です。年齢域を過ぎても、太陽は人生の要ですから、常に心に留めておいてください。

星座別・年齢域のテーマ

太陽・牡羊座のテーマ・・・情熱的に生きる

太陽が牡羊座の人は、先駆者になる、未知の世界を切り拓くという使命を持っています。誰もやっていないことに勇敢に取り組み、情熱を燃やします。二番手では本領を発揮できないので、一番を目指してください。自分と違う意見の人とは戦う、欲しいものは戦って手に入れるという激しさを持っています。直感に従って、大胆に、勇敢に生きることがあなたの人生を輝かせます。独立して会社を興したり、インストラクターやダンサーなど体を動かす仕事、ドライバーなど1人で行動できる仕事が向いています。

【お勧めのアクション】

起業する、新たなプロジェクトの立ち上げや発起人になる、ベンチャー企業で働く、身体を鍛える

【より良く生きるためのヒント】

未開の地を切り拓く人なので、あなたの前に道はありません。まだ誰もやっていないことは不安や恐れを感じると思いますが、思い切って飛び込んでみてください。起業する時も、フランチャイズではなく、独自のものを展開させていく方がうまくいきます。

太陽・牡牛座のテーマ…物質的にも精神的にも豊かに生きる

太陽が牡牛座の人は、自分の肉体や才能を存分に活かして、この世の豊かさを受け取ることが使命です。美味しい食べ物を味わう、花の香りに満たされる、土の感触を楽しむ、など五感を使って、世界の美しさ、豊かさを感じ取ります。美しいものを見て感銘を受け、自分という肉体を通して表現するのが得意で、その才能をお金に変えることができます。例えば、美しいスイーツを作るパティシエ、アクセサリーデザイナー、ガーデナー、調香師、美しい歌声の歌手、などです。職人気質でコツコツと積み上げる作業が得意です。物質的にも豊かであることが大切なので、お金にも恵まれる人が多いです。

また、生まれ育った地域に根付いて生きる人も多く、地元で就職したり、地元に貢献できる仕事を選んだりする場合もあります。

【お勧めのアクション】

五感を使う、花や野菜を育てるなど土に触れる、丁寧な暮らしをする（調味料を手作りしたり、刺繍や裁縫など手仕事をする）、職人的な仕事をする（料理人など）、土地や地域に関する仕事をする（農業など）、資産運用する

【より良く生きるためのヒント】

現代では情報や物流の流れが非常に早くなっています。時短や手軽さが求められることが多いですが、そんな流れに乗らず、時間をかけて作りあげることや丁寧な作業を大切にしてください。

太陽・双子座のテーマ・・・役立つ情報を世の中に伝える

日常で役立つ情報や面白いニュースを世の中に拡散する、伝えるという使命を持っています。

普段からアンテナが立っていて、いろんな情報を集めることができます。好奇心旺盛なので、パラレルキャリアの人も多いでしょう。難しいこと、専門的なことを分かりやすく伝えることができます。

相手に合わせた言葉選びや情報量で大切なメッセージを届ける人です。司会やアナウンサー、インフルエンサー、営業職などの言葉を扱う仕事をしている人も多いでしょう。

自分の言葉で発信し、世界とコミュニケーションを取ることで人生が輝きを増すはずです。

いろんなところに出かけ、見て感じたことを発信していくライターやタウン誌の編集などもぴったりです。

【お勧めのアクション】

話す・書くなど言葉を扱う仕事をする（司会、ライター、ブロガー、講師、コーチなど）、複数の肩書を持つ（副業、2つ以上の仕事をする）、二拠点生活、出版、情報関係の仕事をする、いろんな場所に出かける

【より良く生きるためのヒント】

言葉を扱うことに長けていますが、より鍛錬することで実力がつきます。話し方のレッスンに通う、文章講座を受ける、自分が話している動画を撮ってみるなどして、伝える力を磨きましょう。

また、飽きっぽいところがあり、長期目標を立てるのが苦手かもしれません。その場合、「短期目標を達成する」という経験をたくさん積み、楽しく続ける工夫をしましょう。

いきなり本は書けなくても、毎日日記を書いているといつのまにか膨大なページ数になり、それを1冊の本にまとめることができますよね？そんなふうに、積み上げていったものが大きな成果になります。

太陽・蟹座のテーマ・・・大切なものを守り、育む

太陽が蟹座の人は、家族や大切な人を守り、育てることが使命です。

例えば、ステージママとして子どものサポートをしたり、主婦として家族を支えたりします。また、大切な人は必ずしも家族ではなく、所属する団体や仕事仲間である場合もあります。

中小企業や家族経営の会社など、コミュニティとそこで働く人たちを大切にし、愛情深く育てることをします。

マネージャーや人材育成などの立場で関わることもあるでしょう。

協会や団体などに所属して活動する人もいるかもしれません。

家庭的な仕事をする人も多く、家事代行業、保育士や幼稚園教諭、寮母さんなどの仕事も向いています。

【お勧めのアクション】

主婦として家庭を守る、家で出来る仕事をする、自分のコミュニティを作る、チー

ムで活動する、何かを育てる（子ども、部下、ペット、植物、野菜など）、家族経営の会社や小規模でアットホームな会社で働く、子どもや母性に関わる仕事をする（保育士、ベビーシッター、カウンセラーなど）

【より良く生きるためのヒント】

愛情深く母性が強いので、つい心配してあれこれ口出ししてしまうところがあります。

子どもや部下の成長のためには、あえて黙って見守ることも大切です。立ち入り過ぎず、見守る時とサポートする時を見極めると良いでしょう。

太陽・獅子座のテーマ…ドラマチックに生きる

自分が楽しいと思うことをする、表現する、創造する、主役として生きることが使命です。

太陽は獅子座にあると、一番力を発揮します。

自分の中に湧き上がる情熱を形に変えて、世に送り出します。

それは、役者としてステージに立って表現することだったり、華やかなドレスをデザインすることだったりします。

子どもを生み出すこと（＝自分が創造するものが子ども）で自己表現する人もいるでしょう。

獅子座の太陽を持つ人は、心の奥でドラマチックな生き方を望んでいるため、人生にドラマのような出来事が起こりやすいです。

安定した人生は面白みがない、とどこかで思っています。

しかし、安定を望めば、いつでも穏やかな生き方ができます。日常で情熱を燃やせるものがあると、心が満たされるはずです。子育てや自分の趣味に打ち込むといったことに集中して生きることもできます。役者、ダンサー、デザイナー、イラストレーターなどの表現者として生きること、ありのままの自分を認め、エネルギッシュに生きることであなたの人生はさらに輝くでしょう。

【お勧めのアクション】

華やかな仕事をする（人に注目される仕事、芸能関係など）、美しいものを扱う仕事や美しいものに囲まれて暮らす（宝飾店で働く、豪華なインテリアにするなど）、コミュニティのリーダーをやる（ＰＴＡ、会社の所属部署）

【より良く生きるためのヒント】

何もしていない自分には価値がないと感じやすいところがあります。ありのままのあなたで存在感を発揮できているから大丈夫。ありのままの自分を認め、愛してください。

自分褒め日記をつけて自己肯定感を上げるのもおすすめです。（今日うまくできたことを手帳に書き出すなど）

太陽・乙女座のテーマ・・・人や社会に奉仕する

人や社会に貢献し、実務的なサポートをすることが使命です。

データを分析して原因を突き止め、よりよく改善していくことが得意です。

心身の健康や環境を整えることに関心がある人も多く、医療系の仕事やセラピスト、秘書などの仕事をしている人もいます。

思考やものの整理も得意で、ムダを減らし改善していくことができます。

ダイエットトレーナーや整理収納アドバイザーなどの仕事をしている人もいます。

化粧品の成分解析などの研究職や、管理栄養士のように食生活改善を提案する仕事、校正なども向いています。

実用的で役立つものに興味があり、自分が実際に試して良かったものや方法を教えてくれる人です。

地に足をつけて誠実な生き方をしたいと願っている人が多いでしょう。

【お勧めのアクション】

片づけや掃除をする、生活習慣を整える、心身を整える（マッサージ、瞑想など）、実用的な資格を取得する（ＰＣ関係、簿記、会計など）、漢方や薬学の知識を身につける、事務、健康、医療、保健衛生に関する仕事をする

【より良く生きるためのヒント】

あなたが当たり前にやっていることでも、周りからはすごい！と思われていることも多いでしょう。

自分のやり方を人に教えてあげると喜ばれるので、「こんなことぐらい」と自分を過小評価せず、教えてあげると良いでしょう。

太陽・天秤座のテーマ…人と関わって生きる

太陽が天秤座の人は、1人ではなく誰かと協力すること、他者と関わることで目標を成し遂げる使命を持っています。

外交官などの交渉力が必要な仕事、ファッションやインテリア関係の洗練された仕事、結婚相談所の仲介人、ウェディングプランナー、人材派遣のコーディネーター、接客業など人と関わり成果を出す業種に広く適性があります。

横の繋がりを広く持つことで、仕事を紹介してもらえるなど、チャンスに恵まれやすくなります。

あなた自身が人と人を結び付けたり、繋げたり、といったこともあるでしょう。多くの人と交流し、ご縁を大切にしましょう。

【お勧めのアクション】

人と関わる仕事に就く、ビジネスパートナーを持つ、協会やコミュニティに所属する、異業種交流会に参加する

【より良く生きるためのヒント】

人に依存せず、依存されず、お互いが１人の人間として自立した関係であることが大事です。

「他人なので、相手のすべては理解できない」と良い意味で期待しすぎず、必要な時に助け合うと心に決めておくと良いでしょう。

自分と他者とのバランスを大事にしながら、共に生きていくという意識が大切です。

太陽・蠍座のテーマ…スペシャリストとして生きる

太陽が蠍座の人は、何かを探求し、極めたいという使命を持っています。

生と死、生命の神秘に関わることに興味を持ちやすく、心理学、助産師などの専門職を目指す人もいます。納棺師のような特殊な職業を選ぶ人もいるかもしれません。

一般的にタブーとされることに興味を持ちやすく、性的な分野を選ぶこともあるでしょう。

探偵などマニアックな仕事や相続や遺産に関係する仕事、銀行や保険の仕事に就く人もいます。

大口契約の顧客の担当や、単価の高いサービスを提供し、少人数のお客様を手厚くフォローするといったことも得意です。

また、事業承継などで他人の事業を継ぐ場合もあるでしょう。

何の分野においても深く探求し、その道のスペシャリストを目指していく人です。

狭く深く掘り下げていくことであなたの人生はさらに輝くでしょう。

【お勧めのアクション】
心理学、占い、スピリチュアルについて学ぶ、ニッチな分野を極める、結婚生活や親族関係などプライベートを充実させる、金融、保険、相続、生と死、スピリチュアルに関する仕事をする

【より良く生きるためのヒント】

家族や親密な友人との絆を深め、大切にすることで大きな恩恵を受けます。人から受け取るものが大きいので、人間関係も狭く深く付き合うのがおすすめです。

太陽・射手座のテーマ…高みを目指して生きる

太陽が射手座の人は、まだ見ぬ広い世界を見てみたい、いろんな体験して好奇心を満たしたい、という使命を持っています。異文化や歴史から刺激を受けることが多いかもしれません。１つの場所に留まらず、自由に世界を飛び回りたいという意欲があ

り、そうして得た専門的な知識やスキルを多くの人のために役立てたいと考えています。医療の分野で医師や薬剤師を目指す人もいますし、大学の先生や研究者として何かを専門的に学んだり、指導したりする人もいます。

作家になり、世の中に自分の思想を伝える場合もあります。また、自由な社風を求めるので、外資系企業で働くのもおすすめです。


【お勧めのアクション】

海外で働く（ワーキングホリデー）、海外や旅行に関する仕事をする（通訳、ＣＡ、ツアーガイドなど）、大学や大学院で学ぶ、医療系の仕事をする（医師、薬剤師など）、教える仕事をする（大学教授、スポーツの指導者など）、出版、マスコミ業界で働く

【より良く生きるためのヒント】

向上心が強いあなたは、どんな環境下でも常に学び続けるでしょう。つらい経験も糧に変え、自分の財産にできる人です。傷ついた分、人を受け入れる器が大きくなり、人に寛容になれます。どんな逆境でも「自分なら大丈夫」と進んでいってください。

太陽・山羊座のテーマ・・・社会で成功する

太陽が山羊座の人は、この社会の中で目標を達成し、成功して名声を得る、キャリアを築くという使命を持っています。

自分が設定した目標に向かってコツコツと努力し、形にしていくことに喜びを感じます。

自分の働きが目に見える成果となることはもちろん、社会貢献に繋がることも喜びです。

目標を定めたら計画を立て、忍耐強く取り組みます。

どんな職種でもトップを目指せる人で、管理職や経営者、政治家などに向いています。

責任感が強く、決めたことは最後までやり遂げます。

【お勧めのアクション】

リーダーになる、経営者になる、公務員など安定した仕事に就く、手帳に目標を書

く、株式投資、長期投資

【より良く生きるためのヒント】

昔からのやり方や方針に従って物事を進めていきたいタイプですが、時には新しいものに目を向けてみましょう。

より便利で快適なものを上手に取り入れ、既存のものと組み合わせることで、価値を高めることができます。

例えば、ＳＮＳをうまく使って会社の宣伝をするなど、時代の波にうまく乗っていきましょう。

自分でやるのが苦手な場合は、担当者を決めて任せると良いでしょう。

太陽・水瓶座のテーマ・・・時間や場所に縛られず自由に生きる

太陽が水瓶座の人は、独創性を発揮すること、社会に変革をもたらすこと、ユニークなアイディアやＩＴの力で既存のものを塗り変えていくことなどを使命に持っています。

ＰＣや便利家電など暮らしに役立つ発明をしたり、新しいものを世に広めていく役割があります。

フリーランスで働く人も多く、会社に所属するとしても、自由度の高い職場を求める傾向が強いです。

博愛精神が強く、世の中を良くしていきたいという考えを持っているため、会社組織ではなくＮＰＯ団体などに所属して、営利目的ではない活動を熱心に行う人もいるでしょう。(子ども食堂の運営、協会や社団法人など)

発明品の権利収入や本の印税など、自身の知識やアイディアを財産に変えて収入を得る人もいます。

【お勧めのアクション】

ＩＴ関係の仕事をする、企画、広報などの仕事をする、自由な社風の会社で働く、フリーランスで働く、アイディアノートを書く、信頼できる友人と未来の展望を語り

合う、セミナーやコミュニティに参加する、ＩＴスキルを身につける

【より良く生きるためのヒント】

太陽は水瓶座にあると一番力が弱まると言われています。そのため「自分らしい個性とは何か？」が分からない方も多いと思います。

私がそうでした。太陽・水瓶座は、焦らず自分らしさを探していくことが大切なのだと感じます。

まずは、目の前の業務に真摯に取り組み、働きながらスキルアップを目指すなど、なりたい自分を探していきましょう。

太陽・魚座のテーマ…大きな愛で人々を助ける

太陽が魚座の人は、大きな愛で世界を包みこみ、目に見えないものを大切にするという使命を持っています。

根底に愛があり、人や社会を助けたいという想いがあります。慈善活動や人を癒す仕事を選ぶ人も多く、カウンセラーやセラピスト、ヒーラー、福祉、医療系の職業に就く人も多いです。

また、音楽やダンス、映像などの分野で相手の心を癒す場合もあります。これからの時代は、ネットで顔出しせずに活躍する人が益々増えてくるでしょう。

共感力が高く、相手の心に寄り添うことができる思いやり深い人です。


【お勧めのアクション】

映像や音楽関係の仕事をする（カメラマン、アーティストなど）、スピリチュアルな仕事をする（占い師、ヒーラーなど）、医療、福祉関係の仕事をする、ヨガや瞑想を取り入れる、自然豊かな場所で暮らす

【より良く生きるためのヒント】

空想力や感受性の豊かさがあなたの最大の魅力です。

時には、あなたの掲げる理想や理念は世間から「きれいごと」だと言われるかもし

れません。

だけど、理想とする未来の実現を諦めないでください。

あなたの想いに共感する人たちが必ずいます。

そんな人たちと一緒に「そんなのムリ」と言われることを現実で実現させていくのです。

太陽のハウス別・年齢域のテーマ

太陽が１ハウス・・・独立起業する、自分らしく生きる、アスリートやインストラクターなどスポーツ関係の仕事をする

太陽が２ハウス・・・物質的に豊かになる、喜びや楽しみにお金を使う、才能を活かした仕事をする、土地や地域に関する仕事をする、職人的な仕事をする

太陽が３ハウス・・・教育関係の仕事をする、知識を伝える仕事をする（セミナー講師など）、情報を扱う仕事をする（アナウンサー、インフルエンサー、ライターなど）、習い事の先生や何かを教える仕事をする、移動や出張のある仕事をする

太陽が４ハウス・・・家庭を守る、基盤を築く、居場所作りをする、子育てをする、衣食住に関わることをする、住宅や不動産関係の仕事をする、自分らしく生きることと家庭とのバランスを模索する、家庭を仕事場にする、家族に関する仕事をする、家を継ぐ

太陽が５ハウス・・・エンターテイメントの世界で生きる、自分らしさを発揮して楽しむ、企画や演出の仕事をする、創作関係の仕事をする、出産や子育てをする、子どもに関する仕事をする、クリエイティブに生きる

太陽が6ハウス・・・社会で役立つ力を発揮する、健康や癒しに関わる仕事をする、環境整備の仕事をする、仕事で価値を提供する、アシスタント的な仕事をする

太陽が7ハウス・・・パートナーシップを通じて学ぶ、共同事業をする、接客業や仲介業などの仕事をする、コミュニティに所属して多くの人と関わる、バランス感覚を磨く

太陽が8ハウス・・・パートナーの収入や遺産などお金の恩恵を受ける、不労所得を得る、スキルや役職を受け継ぐ、スピリチュアルや精神世界に関する仕事をする、性生活の充実

太陽が9ハウス・・・海外で働く、哲学や心理学を学ぶ、大学や専門学校などで教える仕事をする、国際結婚などで外国に住む、旅行や出張の多い仕事をする、グローバルな視野を持つ

太陽が10ハウス・・・自分の使命や天職を見つける、キャリアを築く、名誉や地位を手にする、定めた目標を達成する、野心を持つ、家庭と仕事とのバランスを大事にする

太陽が11ハウス・・・横の繋がりを重視する、趣味や理想が同じ仲間を作る、同志と理想の未来を語り合う、平等で平和な世界の実現のために行動する、仲間と一緒に自己実現を目指す、独自のアイディアを生み出す、ＩＴ関係の仕事をする、ＮＰＯ団体などで活動する

太陽が12ハウス・・・目に見えない領域のことを学ぶ（スピリチュアル、ヒーリングなど）、精神世界に関わる仕事をする、福祉や医療に関わる仕事をする、芸術活動をする

ワーク　あなたの太陽の年齢域のテーマ

わたしの太陽星座は「　　　　　　」座　で「　　　　　　」ハウスにあります。

わたしの太陽星座のテーマは「　　　　　　　　　　　　　　　　　　　」です。

わたしの太陽のハウスのテーマは「　　　　　　　　　　　　　　　　」です。

あなたが人生で成し遂げたいことは何ですか？

こんな生き方がしたいという望みはありますか？

太陽の星座やハウスに関わることをやると、自分らしく輝いて生きることができます。星座とハウスの年齢域のテーマ・お勧めのアクションなどから抜き出してみてください。

『　　　　　　　　　　　　　　　　　　　　　　　　　　　　　　　　　』

火星の年齢域のテーマ・お勧めのアクション・より良く生きるためのヒント

火星の年齢域は36～45歳です。

社会に出て働き、キャリアを築いてきた人、結婚や出産を経験した人など、様々な経験を積んできた年代になります。

火星は「私はこれをやる！」という強い意志の力を表わしています。

男性的なパワーで、自分が社会で獲得したいものが火星です。

がむしゃらに働いたり、家族のために動き回ったり、男女ともに働き盛りの時期ですね。

火星期は、占星術的に「中年の危機」という時期とも重なります。

「中年の危機」とは、価値観の転換が起こり、自分の生き方を考え直す時期のことです。

決して恐ろしいものではなく、今後の長い人生を私はどう生きていきたいのだろう？と人生の中盤で自分を見つめ直し、新たに生き直す時なのです。

専業主婦だった人が一念発起して起業したりするのも火星期が多いです。

水星と金星は太陽の近くを周っているため、ホロスコープ上の水星、金星、太陽の3天体が同じ星座という人も多いです。

著者もそうです。（水星、金星、太陽が水瓶座）

しかし、火星星座は太陽星座と異なる人が多いため、火星期で今までと生き方が変わることが多いのです。

実は、著者は37才の時に起業し、本当にガラッと生き方が変わりました。太陽期に自分ができることを探し始め、模索し、火星期でこれだ！と思うものに出会い、起業したのです。

怖くても新たな世界に踏み出して、欲しいものを掴みに行くのが火星期なのだと感じています。

火星はあなたの中の「勇気」「強い意志の力」「怒り」なども表わします。うまく使うと起爆剤になりますが、使い方を誤ると周囲とのトラブルを引き起こしたりもします。火星がくすぶっていると感じる時は、ガス抜きして調整し、火星の力を良い方へと使ってください。

星座別・年齢域のテーマ

火星・牡羊座のテーマ…欲しいものを手に入れる

火星が牡羊座にあるとその力が強まります。

牡羊座はエネルギッシュで負けず嫌い。

欲しいもののために全力で走っていくタイプですが、さらにその要素が強くなるのです。

火星期には、しがらみに縛られたり、古い体質に従うといったことに我慢ができず、独立や起業する人も多いかもしれません。

新しく何かを始めたいという気持ちになる人もいます。

あなたが直感的に欲しい！と思うもの、やりたいことは何ですか？是非それにチャレンジしていってください。


【お勧めのアクション】

体を動かす習慣を持つ、運動やダンスを習う、お店を新規開拓する、ヘッドスパを受ける

【より良く生きるためのヒント】

火星の力が強まり、短気さが目立つようになるかもしれません。カッとなったら深呼吸するなどクールダウンを心がけて。牡羊座の力は勇気や行動力として使っていきましょう。

火星・牡牛座のテーマ・・・理想的な生活を手に入れる

火星期は、自分が望むような理想の生活を手に入れることに情熱を燃やします。例えば、専業主婦だった人が、今までの暮らしで満足できない場合、自分の才能を活かして自分で稼ぐ！と決めたり、働きに出たりします。

美容系の仕事（エステ、リラクゼーションサロンなど）、食に関わること（料理教

室など)、アロマ関係のことに興味を持ちやすいです。

牡牛座はお金を表すので、資産運用を始める人もいるかもしれません。

怒りが溜まると食に走ってしまうところがあるので、食べる以外のストレス発散法を持っておくのがおすすめです。


【お勧めのアクション】

丁寧に教えてくれる指導者の元で学ぶ、自分の才能を伸ばすために行動する、食べる以外のストレス発散法を見つける（好きな香水をつける、歌を歌うなど）、丁寧にお肌のケアをする

【より良く生きるためのヒント】

情熱を持続させることができるのが強みですが、技術の習得はやや時間がかかるタイプなので、勉強会に参加したり、復習するなど、日々自分を磨き続けましょう。

火星・双子座のテーマ・・・複数のことをバランスよく組み合わせる

頭の回転が速く、コミュニケーションが得意なタイプです。

興味のあることはすぐに調べるでしょう。

情報処理能力が高いので、人と話しながら別のことを考えていたりもします。会話のテンポも良く、アイディア豊富な人です。

火星期には、複数の肩書を持って活動したり、副業する人も多そうです。

パラレルキャリアの人も多いでしょう。ただし、いろんなことに手を付けて分からなくなったり、途中になってしまったりするところがあります。

やりたいことは、多くても2~3個までに留め、あまり手を広げすぎないよう注意してください。

情報を扱うインフルエンサー、ライター、ジャーナリストなどに向いています。

【お勧めのアクション】

国内旅行、食べ歩き、まち探検、レジャーやイベントに出かける、副業、スポーツ

観戦、最新のスマホにする

【より良く生きるためのヒント】

同じ場所にじっとしていることは苦手かもしれません。その日によって現場が違う仕事や、あちこち移動する仕事の方がイキイキと取り組めるでしょう。じっと作業しないといけない場合は、こまめに休憩を入れるなど、テンポよく取り組めるよう工夫しましょう。

火星・蟹座のテーマ・・・家庭と仕事のバランスを大事にする

家庭や親しい友人、仕事のチームなど、自分にとって大切な人たちを育み、守っていくことに力を注ぎます。

家族のために主婦業を優先させる人もいますし、チームで仕事をして、成果を出していく人もいます。

自身が安心できるコミュニティを作ったり、協会などのコミュニティに所属して仕事をする人もいるでしょう。

人材育成や子どもに関すること、不動産や住宅、インテリア関係などの家や家庭に関わる仕事をする人もいそうです。

また、家を仕事場にして在宅で働く人も多いかもしれません。

お子さんがいる場合は、習い事のサポートを熱心にするなど、積極的に子育てに関わるでしょう。

心配性なので、あれこれ口出ししてしまうこともあるかもしれません。

著者は火星が蟹座なのですが、火星期に自宅で仕事を始めました。

片づけの資格を取得し、自宅で収納セミナーを開いたり、ハウスメーカーやキッチンメーカーなどの企業から講師として呼ばれるようになりました。まさに蟹座的（家、家事、住宅に関する仕事をする）な展開です。そして、著者の火星は10ハウスにあるので、この時期、天職を見つけたい！と強く思って行動していました。子ども達の学校の送迎などもあり、仕事と家庭とのバランスを模索しながら過ごしてきた火星期でした。

【お勧めのアクション】

たまには1人の時間を持つ、日常の中で小さな楽しみを見つける（好きなお茶を飲む、お昼寝するなど）、泣ける映画やドラマを観て思い切り泣く

【より良く生きるためのヒント】

火星が蟹座にあると、力を発揮しにくいとか、扱いが難しいと言われています。火星は火、蟹座は水のエネルギーのため、火と水が混じり合い、火星の力を弱めてしまうからです。

自分の感情のコントロールが難しいと感じることがあるかもしれません。自分を犠牲にしすぎるところがあり、不満を溜め込んで、ある時爆発させるという形でキレてしまうことも。

周りの助けを借りるなど、うまく両立していく方法を考えましょう。

火星・獅子座のテーマ・・・情熱を燃やせるものを見つける

獅子座の自己表現したい！という欲求が強くなります。

火星期には、何か情熱を傾けられるもの、夢中になれるものを見つけると良いでしょう。

ダンスや演劇、絵画など人前で表現できるものや、お菓子教室など美しい作品を作りあげるものがお薦めです。

家にこもっていると鬱々してしまうので、外に出る方がおすすめ。

人と接する仕事、裏方より表舞台に出る仕事が向いています。

専業主婦の場合は、地域や学校の役員などを引き受けて仕切っていくのもいいです。リーダーとして有能ですから、存分に力を発揮できることでしょう。

家にいる時もメイクする、気分の上がる部屋着を着るなどして、華やかに過ごしましょう。

一点だけ、うまい儲け話（投資やギャンブルなど）に乗せられやすいところがあるので注意してください。

著名人の例を挙げると、タレントで美容家のＭＥＧＵＭＩさんが火星獅子座です。

ＭＥＧＵＭＩさんは太陽期の27歳の時に結婚されました。

ＭＥＧＵＭＩさんの太陽星座は天秤座で４ハウスにあります。

パートナー（天秤座）と家庭という土台を築き、（４ハウス）お仕事では、35歳で多聞というパンケーキのお店を金沢にオープンされています。

飲食店は４ハウス、パンケーキ屋さんはセンスが良く接客業向きの天秤座にぴったりです！

火星期に入ってからは精力的にお仕事され、ご自身で作品を創られたり、女優としても注目を浴びています。

38歳の時には、映画「台風家族」と「ひとよ」の演技が評価され、ブルーリボン賞助演女優賞を受賞されています。

まさに、光り輝く獅子座っぽいです！

そして、ＭＥＧＵＭＩさんの火星は２ハウスにあるので、才能を発揮して自分でお金を稼ぐこともこの時期のテーマとなりますから、美容家として本を出版されたり、コスメブランドをプロデュースされたりなど、華やかに活躍されているのが頷けます。

【お勧めのアクション】

ダンスや音楽などの芸術活動をする、創作系の教室に通う（アイシングクッキー、キャンドル、カルトナージュなど）、カラオケで熱唱する、地域や学校の役員をやる

【より良く生きるためのヒント】

自己顕示欲が増すので、それをプラスに使っていきましょう。実力を磨くほど、パワフルに輝けます。

火星・乙女座のテーマ：細やかさを仕事や家事に向ける

細部にこだわったり、完璧にやろうとする力が強まります。

仕事をしている人はハードワーカーになってしまう可能性も。

オンとオフの切り替えを意識して、自分の時間も大切にしてください。家族にも完璧を求めて口うるさくなってしまう傾向があるので、自分にも他人にも「こうあるべ

き」という思いを緩めるようにしましょう。

みんながラクに出来る仕組みを作って協力しやすい環境を整えたり、整理整頓や掃除に没頭してストレス発散したりするのもおすすめです。

火星期には、細やかさをみんなに喜ばれる形で発揮しましょう。

片づけや健康、ダイエットに関する仕事、秘書などのサポートする仕事、医療関係の仕事に向いていています。


【お勧めのアクション】

片づけや掃除をする、マッサージを受ける、健康に関する知識を学ぶ、健康に関する仕事をする（リンパマッサージ、鍼灸、栄養学、養生など）、ハーブティーや漢方茶を飲む

【より良く生きるためのヒント】

神経を使いすぎて疲れてしまうことがあるので、何もしない時間を意識して持つようにしましょう。お風呂にゆっくり浸かり、サウナに行くなど息抜きをしてください。

火星・天秤座のテーマ…バランスを大事にしながら社会と関わる

火星は天秤座にあると、力を発揮しにくいとされています。

火星は自分を押し出していくエネルギーなのに、天秤座は周りに合わせるという真逆の性質を持つからです。

必要以上に人に合わせてしまったり、みんなとうまくやろうとしすぎて自分のバランスを崩してしまうことがあるかもしれません。

自分と他者との境界線を意識して、ほどよい距離感を心がけましょう。

また、公平であろうとする気持ちが強くなるので、世の中の理不尽な問題解決に取り組むなど、社会に向けてその力を使っていきましょう。

人と接する仕事や仲介業、交渉が必要な仕事（弁護士、外交官など）、ブライダル業、イベント業などに力を注ぐと良いでしょう。

火星期には、良い対人関係を築き、人と接することから多くのチャンスが得られそうです。

【お勧めのアクション】
接客業や仲介業をやる、イベントの企画や主宰をする、社会問題への取り組み、話題のスポット巡り、ファッションやインテリアを楽しむ

【より良く生きるためのヒント】

自分と相手だけではなく、社会全体が良くなるよう意識し行動すると、多くの人たちに喜ばれます。三方よしの精神で行動するのがおすすめです。

火星・蠍座のテーマ・・・探求心を意欲的に使う

蠍座の持つ執着心や探求心がより強くなります。
性欲が強くなる人もいます。仕事や趣味などにそのエネルギーを注いでいきましょう。
火星期は何かを深く学んだり、専門技術を身につけるなど、とことん突き詰めてそ

の道のプロを目指すと良いでしょう。

人の心理に関わることやスピリチュアル的なものに興味を抱きやすく、親身に人の相談に乗る人なので、心理学やメンタルヘルス、カウンセリング、占いなどの分野を深めていくのもおすすめです。


【お勧めのアクション】

人の心に深く関わる仕事をする（カウンセラー、占い師など）、保険、相続、金融に関わる仕事をする、心理学や占いを学ぶ、隠れ家的な場所でリラックスする

【より良く生きるためのヒント】

好きな人やものにどっぷりハマる傾向があります。

悪い方に出ると、恋人やパートナーを束縛してしまったり、嫉妬深くなる場合も。勉強や趣味などに情熱を向け、自分自身に集中しましょう。

火星・射手座のテーマ…どこまでも高みを目指す

冒険心あふれる射手座に火星があると、エネルギーが調和的に働きます。行動力が増し、何かを学ぶため大学に入り直したり、大きな志を持って生き方を変えたりします。

例えば、青年海外協力隊や国境なき医師団に参加するといったようなことです。難易度が高いことほど燃えるので、世間で「それ無理じゃない？」と言われるようなことにも果敢に挑戦します。

教職や学者、指導者、医学、薬学などに適性があります。

火星期には、大胆なチャレンジや学び直しなどをすることになるかもしれません。

学ぶ時は一流の指導者に師事すると良いでしょう。

【お勧めのアクション】

海外で働く、海外や旅行に関する仕事をする（通訳、旅のガイドなど）、医療関係の仕事をする、マスコミ、出版、広告関係の仕事をする、教える仕事をする（インス

トラクター、講師など）スポーツをする、スポーツ観戦、海外旅行、アウトドア、読書

【より良く生きるためのヒント】

あなた自身は高い目標を持って頑張れる人ですが、周囲を振り回さないように気をつけましょう。

例えば、パートナーや家族がいる場合、彼らにとっては、あなたの選択は先行きが見えず、不安に思えるものかもしれません。

よく話し合って理解を得るようにしましょう。

火星・山羊座のテーマ・・・社会での成功を手に入れる

社会でキャリアを積むこと、目的を達成することに情熱を注ぎます。

周囲からは淡々とやっているように見えても、実は内面は燃えているタイプ。

自分を厳しく追い込み、成果を出すためストイックに頑張ります。ただし、野心的になりすぎて人を利用したり、目的達成のために手段を選ばないといったことにはならないよう、注意してください。

経営やマネジメント業務、管理職などに向いていますが、日々の努力で、どんな職種でも狙ったポジションを必ず手にすることができるでしょう。

【お勧めのアクション】

リーダーや管理職として働く、安定した企業で働く、ストイックに打ち込めて達成感のある趣味を持つ（山登り、マラソンなど）、スペックの高い機器を使う

【より良く生きるためのヒント】

仕事ばかりにエネルギーを注ぎすぎないように気をつけましょう。

気づかないうちに頑張りすぎてしまう傾向があるので、オンとオフの切り替えをしっかりして、休日は家族と出かけるなど、家庭を大切にする時間も忘れずに。

リフレッシュすることで、さらに頑張ることができます。

火星・水瓶座のテーマ…よりよい社会のために変革をもたらす

独創的で、常識を塗り替えていこうとする力が強くなります。

新しい企画や技術の開発などに携わるとイキイキ働けるでしょう。

一方で、古い規則やしがらみに押さえつけられるような会社で働いていた場合は、自分らしく自由な生き方を求めて辞める場合もあるかもしれません。

これまでのやり方を変えて方向転換する場合も多く、斬新なアイディアを発揮できそうです。

世の中を良くしたい！という想いも強くなるので、ボランティア団体に所属して活動したり、何かの団体を立ち上げるといったこともありそうです。

よりよい社会の実現のために、これまでのやり方を変えて、新しい流れを作っていきます。ＩＴの技術発展に貢献する人も多いでしょう。

【お勧めのアクション】

フリーランスで働く、ＩＴ系の会社で働く、ＮＰＯ団体などに所属して活動する、

ＬＧＢＴや人種差別などを保護する活動に取り組む、ネットで多くの人と交流する、ＩＴスキルを磨く

【より良く生きるためのヒント】

あなたのアイディアは斬新で、周囲や世間から受け入れられないこともあるでしょう。粘り強く根拠を示し、社会に受け入れてもらえるように努力することが大事です。

理想だけではなく、裏付けるデータもしっかり取っていきましょう。

火星・魚座のテーマ…目に見えない力を活かす

スピリチュアルな世界（ヒーリング、占いなど）や芸術活動への情熱が強くなります。

目に見えない世界のことを学んだり、仕事にする人も多いでしょう。

見えないもの＝氣を扱うのがうまく、芸能などの人気商売にも向いています。

ただし、いき過ぎると「怪しい人」と思われてしまうことも。現実を見つめ、フワフワした考えに偏らないようにしてください。

優しく慈愛精神に満ちた人なので、世界の紛争や貧困問題などに心を痛め、保護活動などに携わる場合もあるかもしれません。

【お勧めのアクション】

芸術活動（絵やイラストを描く、音楽を奏でるなど）、ヒーリングや浄化に関する仕事をする（お祓い、パワーストーン販売など）、自然療法を取り入れる

【より良く生きるためのヒント】

精神的なことを大事にしすぎて、身体の声を後回しにする傾向があります。現実世界では肉体があってこそ。身体のメンテナンスにも気を配りましょう。

また、自然療法が好きかもしれませんが、体調が悪い時は、現代の西洋医療もうまく取り入れるようにしてください。

火星のハウス別・年齢域のテーマ

火星が１ハウス・・・勝利を掴みに行く、困難にチャレンジする、ナンバーワンになる、情熱的に生きる、インストラクターやスタントなどアクティブに動く仕事をする

火星が２ハウス・・・精力的に働いてお金を稼ぐ、収入を増やす、才能を開花させる（創作活動や美に関すること）

火星が３ハウス・・・知識やコミュニケーションに関わる仕事をする、人との交流が活発になる、積極的に発信する、言葉を扱う仕事をする（ライイター、編集、メディアなど）

火星が４ハウス・・・何かや誰かを守ることに注力する（動物愛護や環境保護活動など）、人を育てる（人材育成、子育てなど）、自分の居場所を持

つ、自分の土台を築いていく、不動産や住宅を手に入れる、衣食住に関わることをする

火星が5ハウス・・・ドラマチックな経験をする、趣味や創作活動を通じて自己表現する、情熱的な恋愛をする、子育てに力を注ぐ

火星が6ハウス・・・エネルギッシュに仕事に取り組む、業務改善に力を注ぐ、積極的に人のサポートやアシストをする、健康に気をつける

火星が7ハウス・・・活発な人間関係を築く、結婚相手やビジネスパートナーと切磋琢磨しながら成長する、人と接する仕事をする、電撃結婚する

火星が8ハウス・・・資産を増やす、遺産や相続によるお金を手にする、性生活の充実

火星が９ハウス・・・積極的に学ぶ、専門家に師事する、自分の賛同する信仰や思想を世に広めていく、海外で活躍する

火星が10ハウス・・・社会で成功する、キャリアを積んで名声を得る、リーダーとして組織をまとめる、野心的に働く、天職や使命を見つける

火星が11ハウス・・・サークルや協会などに所属して活動する、仲間と協会を立ち上げる、理想の実現に向かって行動する、セミナー講師や伝道師のような仕事をする

火星が12ハウス・・・精神性を磨く、目に見えない世界のことを意欲的に学ぶ、スピリチュアルな仕事をする

ワーク　あなたの火星の年齢域のテーマ

わたしの火星星座は「　　　　　」座　で「　　　　　」ハウスにあります。

わたしの火星星座のテーマは「　　　　　　　　　　　　　」です。

わたしの火星のハウスのテーマは「　　　　　　　　　　　　」です。

あなたが人生でチャレンジしたいことや獲得したいものは何ですか？火星の星座やハウスに関わることをやると勇気が湧き、社会に自分を押し出していくことができます。星座とハウスの年齢域のテーマ・お勧めのアクションなどから抜き出してみてください。

『　　　　　　　　　　　　　　　　　　　　　　　　　　　　　　　　　　　　』

木星の年齢域のテーマ・お勧めのアクション・より良く生きるためのヒント

木星期は46～55歳です。

この頃になると中年の危機も過ぎ、社会である程度の地位を手にしている人も多く、精神面と経済面の両面で余裕のある年代になってきます。

若い頃はささいなことで落ち込んでいても、このくらいの年代になると、いい意味で肝が座ってきて「ま、なんとかなるでしょ！」と楽観的に思えるものです。

個人的には、木星期はいろんな経験をして、人として脂がのってきた年代だなと感じています。

私は木星期に入ったばかりなのですが、今すごく楽しいです。

火星期はがむしゃらに行動してきましたが、木星期に入ってからは肩の力が抜けて伸び伸びと活動できています。これは、火星期をしっかりやり切ったご褒美なのかなとも思います。なので、今、木星期でうまくいかないと悩んでいる人は、火星期のテーマを同時にやると良いです。

木星は「発展」「拡大」「豊かさ」を表わします。もともと恵まれていること、得意なことが分かります。木星の星座やハウスに関わることをやるとお金になったり、社会的に活躍することが出来るので、仕事にするのもおすすめです。

私の木星は双子座で9ハウスと10ハウス（5度前ルールによる）にあります。

双子座は情報や言葉を扱うこと、9ハウスは哲学や精神性を表わす場所なので、占星術を伝えることが得意で、天職（10ハウス）だと読めます。また、木星は何でも増やす働きがあるので、気をつけないとやり過ぎてしまうこともあります。

私の場合だと、双子座なのでしゃべりすぎるとか、9ハウスの精神性を高めるために学びを広げすぎる、といった形で出やすいです。興味があることをとことん学びたくなってしまうたちです。

木星の増やす働きは中年太りとも関係しています。この時期は、更年期を迎え、多くの人が太りやすくなる時期でもあります。


木星は進行速度が遅く、1年で1つの星座を移動していきます。なので、同年代の人たちは木星の星座が同じ人が多く、世代的な役割や特徴も表しています。個人的なテーマはハウスを見ていただく方がしっくり来るかもしれません。

星座別・年齢域のテーマ

木星・牡羊座のテーマ・・・勝負運の強さを活かす

勝負運が強く、チャンスをモノにすることができる人です。短期間で成果を出して、スピード出世を狙うこともできるでしょう。ピンとくる直感を活かして、これと思ったものに投資し、先行利益を得ることもできそうです。独立運もあるので、起業するのもおすすめ。まだ市場に広まっていない商品やサービスに目をつけると良いでしょう。

牡羊座は活動的なので、木星期になにか新しいことを始める人が多そうです。

著名人の例を挙げると、実業家の前澤友作さんが木星牡羊座です。

出生時間が不明のため、ソーラーサインハウスシステムで読むと木星牡羊座は6ハウスにあります。前澤さんといえば、一般人で初めて宇宙に行かれた方です。それがちょうど木星期に入ってすぐでした。木星期に入る2年前に社長を退任し、木星期からは新しい（牡羊座）働き方（6ハウス）へと変化されたのですね。

前澤さんは、金星期の23歳の時に有限会社スタートトゥディ（現・株式会社ZOZO）を設立されました。前澤さんの金星は天秤座12ハウスにあります。

ファッション（天秤座）のネット販売（12ハウス）という業態はまさにぴったりです。

それから太陽期（蠍座1ハウス）は、ZOZOTOWNを開設し、他のネットショップとの差別化を図り、ファッションサイトとしての地位を確立されました。

自分が始めたこと（1ハウス）を深めて専門性を出していく（蠍座）のは、太陽期にぴったりの流れでした。


【お勧めのアクション】

起業する、身体を動かす習慣をつける、新しいことを始める（習い事、企画など）

【より良く生きるためのヒント】

常にアンテナを立てておきましょう。感覚が鋭いので、これから流行りそうなものをキャッチするのが上手です。例えば、成長が期待できそうな会社の新規公開株を買っておく、日本未発売の商品を取り扱うなどです。

木星・牡牛座のテーマ・・・着実な努力で豊かさを手に入れる

自分が本当に良いと思ったものに囲まれ、心地よい暮らしがしたい人です。ゆっくりペースですが、着実に丁寧に実績を積み上げ、社会的な成功を収めるでしょう。五感が優れているので、料理家や調香師、家具職人などの仕事も向いています。牡牛座はお金を表わすので、経済的に豊かな生活ができている人が多いでしょう。木星期には、自分の趣味を活かして起業する人もいるかもしれません。

【お勧めのアクション】
趣味を深める、才能を活かした仕事をする、資産運用

【より良く生きるためのヒント】

他人の言うことに振り回されずマイペースを貫きましょう。穏やかで礼儀正しいタイプ。自分の意見を尊重してください。

木星・双子座のテーマ・・・好きなことを学び、伝える

好きなことを学び、追求していくうちに、それが仕事になるタイプです。拡散力があり、伝えることが得意です。インフルエンサーやのライターなども向いています。

木星期には、ユーチューバーになったり、ブロガーとして活動を始める人もいるかもしれませんね。資格講座や幼児教育の講師などにも適性があります。

著者の木星は双子座で9、10ハウスにあります。占星術の本を出版し（9ハウス）、社会に（10ハウス）伝える（双子座）という木星期の流れに見事に乗っています。


【お勧めのアクション】

引っ越し、国内旅行、食べ歩き、言葉を扱う仕事をする（グルメリポーター、Ｗｅｂライター、作家、司会者など）、いろんな人と交流する、二拠点生活

【より良く生きるためのヒント】

興味の幅が広く、１つに絞るのが難しい場合は、２～３個やってみると良いでしょう。それぞれから学ぶことがあり、うまく組み合わせて使うことが出来るはずです。ただし、やってみて違うなと感じるものは潔く手放し、抱え過ぎないようにしましょう。常に軽やかにいることを心がけてください。

木星・蟹座のテーマ…豊かな母性を世界に広げていく

母性豊かで家庭を大事にする人です。木星期にはその力がより拡大し、これまでは自分の家庭第一で生きてきた人も、地域や世界へと活動範囲を広げていくでしょう。例えば、家で料理教室を開催したり、家事代行の仕事を請け負うようになったりす

るかもしれません。または、学校の臨時職員や学童の先生、スクールカウンセラーなどになり、多くの家庭と関わっていくかもしれません。

母のような愛で世界を優しく包み、関わっていくでしょう。

信頼できる相手と事業を立ち上げ、アットホームな会社を作っていくこともあるかもしれません。


【お勧めのアクション】

不動産、住宅、家庭、子どもに関わる仕事をする（不動産業、家事代行、保育士、ベビーシッターなど）、家で仕事をする、家族や親しい友人との時間を大切にする

【より良く生きるためのヒント】

たまに1人時間をつくったり、外に出かけるようにしましょう。

家庭を大切にしているので、つい家族第一になってしまったり、家にいると家事をしてしまって、息抜きできないかもしれません。

外でリフレッシュすることでエネルギーチャージが出来るでしょう。

木星・獅子座のテーマ・・・人前に出て輝く

パッと目を惹く華やかさがあり、何かと目立ってしまうことが多いかもしれません。人前に出る仕事や会社の顔的なポジションを任されている人もいるでしょう。木星期には、リーダーとして引き立てられたり、プロジェクトを任されたりといったことが起こりそうです。趣味が高じて仕事になったり、なにか表現する活動をしたりといったこともありそうです。寝食を忘れて夢中になってしまうものに出会う場合も。

【お勧めのアクション】

表現する仕事をする（クリエイター、パフォーマーなど）、楽しく自己表現する（ファッション、ヘアメイク、習い事など）、趣味を極める

【より良く生きるためのヒント】

仕事や趣味で成功を収め、人から注目されるかもしれません。変に謙遜せず、堂々と振る舞いましょう。その方が、周囲からより賞賛され頼りにされます。

木星・乙女座のテーマ…縁の下の力持ちになることで豊かになる

細かな作業や管理が得意で、人をサポートする資質に恵まれています。木星期には、身体のケアや健康に関すること（マッサージ、ツボ押し、カイロプラクティックなど）に興味を持ったり、それらのことを仕事にするかもしれません。サポートする業種が向いているので、オンライン秘書や事務、裏方としても活躍しそうです。調整役として、どのような職場でも能力を発揮することができるでしょう。研究、分析することが好きなので、研究職の分野で功績を残す場合もあるかもしれません。「足るを知る」という言葉がぴったりで、木星期は、自分にとって必要なものが明確になり、心身が満たされた生活を送るでしょう。

【お勧めのアクション】

健康や医療系の仕事をする、サポートする仕事をする（マネージャー、秘書、事務など）、片づけや掃除をする、健康に関する知識を学ぶ、生活習慣を整える（早寝早起き、運動、食事の改善）

【より良く生きるためのヒント】

丁寧にひとつひとつの作業をこなして、前進していくタイプです。派手さはなくても、着実に目標をクリアしていくことが自信に繋がります。

木星・天秤座のテーマ…出会う人やパートナーから幸運を受け取る

人間関係に恵まれ、人から多くの出会いやチャンスがもたらされます。職場や地域での人間関係も良好でしょう。結婚相手にも恵まれやすく、経済的に安定した生活が送れそうです。

木星期には、結婚相談所の仲介人、人材派遣コーディネーター、ウェディングプランナー、エステティシャンなどの人と関わる仕事を始めるかもしれません。洗練された美意識とセンスを活かして、ファッションやインテリア関係の仕事に就くのも良いでしょう。

人の長所、短所を鋭く見抜き、良い距離感で接することができます。

【お勧めのアクション】

接客業、仲介業の仕事をする、洗練されたセンスを活かす仕事をする（インテリア、ファッション、マナー講師など）、仕事のイベントや交流会に参加する、ショッピングに行く、自然が多い場所でリフレッシュする

【より良く生きるためのヒント】

木星は拡大を表す天体なので、場合によっては広げすぎて収拾がつかない、といったことになりかねません。

天秤座は人との関わりを大事にする星座ですが、いろんな人がいるので、相手に依存されないよう注意しましょう。

パートナーシップにおいても、お互いを認め合い、依存しない関係を構築していくことが大切です。

木星・蠍座のテーマ…狭く深い人間関係から大きな豊かさを得る

自分が心を許した人や仲間をとても大切にします。交友関係は広くありませんが、心を許した相手とは深い絆を結びます。

木星期には家族に尽くし、支えることを第一に過ごす人もいれば、会社という組織に忠誠を尽くし、仕事に邁進する人もいるでしょう。

パートナーやスポンサーから資金援助を受ける場合もありそうです。そうして尽くした特定の相手（親族や組織）からお金や援助を受け取り、豊かな生活を送ることができるでしょう。

また事業承継で財を得ることもありそうです。

蠍座は秘密や隠れた場所などを表わすため、会員制クラブのオーナーやオンラインサロン運営なども向いています。自分が前に出る仕事よりは、聞き役やサポーターとしての立場から人を支えるような仕事向きで、相続、保険、心理学、性、スピリチュアルなどの分野で専門知識を身につける人も多いでしょう。薄利多売のような商売ではなく、大きな金額の商品やサービスや扱うことが上手です。

【お勧めのアクション】
保険、相続、金融関係の仕事をする、スピリチュアルな仕事をする、隠れ家のような場所を作る

【より良く生きるためのヒント】
他の人が目を付けていないようなニッチな分野を開拓し、極めていくことで大きなお金を手にできる可能性があります。

木星・射手座のテーマ・・・精神と知識を豊かにする

木星は射手座にあると力が強まります。視野が広く、魂を向上させて生きていきたい人です。

好奇心旺盛で、いろんな場所に出かけたり、いろんなことを学びたいと意欲的なのではないでしょうか？

木星期には、大学や大学院に入って興味のある分野を勉強し直したり、自分の培ってきた知識や経験を人に教える立場になるかもしれません。

精神性を磨き、自分が理想とする思想を世の中に広めていくような活動をする場合もあるでしょう。

束縛される環境が嫌いで、あちこち動き回るような働き方が理想です。出張の多い仕事や広告、マスコミ関係の仕事も向いています。

【お勧めのアクション】

マスコミ、出版、医療関係の仕事をする、教える仕事をする（大学教授、スポーツ指導者など）、野外に出かける（アウトドア、キャンプなど）、海外旅行、留学、ワーケーションを取り入れる

【より良く生きるためのヒント】

精神性を磨こうとするパワーが最大限に発揮され、仕事を変えるなど、これまでのキャリアを捨てる人もいるかもしれません。やりたい事をやるのが成功の鍵です。

木星・山羊座のテーマ…社会で成功を収め、豊かになる

山羊座は肩書や社会での達成を表すので、仕事で地位を確立する人もいるでしょうし、カリスマ主婦として家事や子育てをしっかりこなす人もいるでしょう。どの分野においても、責任を持って業務を遂行していく人です。

木星期には、何かを成し遂げ、地位や名誉を獲得したり、天職に出会う人も多そうです。

社会の中でこれをやりたい、こんなふうに生きたいという目標が明確になり、コツコツ努力を重ねていけるでしょう。

若い頃は、実力がなかなか認められず悔しい思いをした人もいるかもしれませんが、中年以降成功するチャンスがやってくるでしょう。

【お勧めのアクション】

会社を経営する、管理職として働く、登山、マラソン、神社仏閣巡り、長期投資

【より良く生きるためのヒント】

成功を追い求め、何でもビジネス目線で考えてしまうことがありそうです。たまには肩の力を抜いてリラックスしてください。

木星・水瓶座のテーマ・・・常識の枠を超えていく

常識にとらわれず、独自の考えを持ち、豊富なアイディアを社会にもたらす人です。ＩＴスキルも高く、ネットを通じて発信したり、情報を集めたりするのが得意でしょう。

理想や志を高く持ち、同じような価値観の仲間を大切にします。

性別や人種、年齢などにとらわれず、実力主義のため、能力がある人と交流を深め、より良い未来を創造しようとします。

フリーランスやＩＴ関係の技術者などに向いています。また、海外の技術やサービスを普及させていくような仕事もおすすめです。

【お勧めのアクション】
フリーランスで働く、ＩＴ関係の仕事をする、オンライン学習、サブスク利用（キンドルアンリミテッド、オンラインサロンなど）、宇宙を感じられる場所に行く（プラネタリウムなど）

【より良く生きるためのヒント】

理解されなくていいと割り切ること。木星は水瓶座の持つ独自性を拡大させるため、周囲からちょっと変わった人と思われやすいかもしれません。普通になろうとせず、思い切って突き抜けてしまいましょう。

木星・魚座のテーマ…人を癒やし、浄化する

私利私欲が少なく、利他のために行動できる人です。
愛が深く、すべての人に優しく公平に接します。無意識レベルで人を救いたいと思

っている人です。人によって方法は違いますが、自分の行動を通じて、人や世の中を癒やし、平和な世界になることを願っています。

慈善活動に取り組む人、音楽や絵などの芸術活動をする人、福祉の仕事で人のケアに関わる人など様々です。木星期にはスピリチュアルな世界について学びを深めたり、啓蒙活動をする人が多いかもしれません。

【お勧めのアクション】

芸術活動をする、癒しやスピリチュアルに関わる仕事をする、福祉や医療関係の仕事をする、自然の中に身を置く、人里離れた田舎に住む

【より良く生きるためのヒント】

木星の力を広げすぎると、他人に共感しすぎて境界線がなくなったり、感情移入しすぎて辛くなることがあるかもしれません。塩で清める、浄化の役割を果たすお香を焚くなど、自分を守る術を身につけておきましょう。

木星のハウス別・年齢域のテーマ

木星が1ハウス・・・自分らしい生き方を始める、起業する、自分の個性を磨く、プライベートを大切にした生き方をする、大らかな性質を活かす

木星が2ハウス・・・精神的な学びを通じて心を豊かにしていく、学術的な仕事（研究職、大学の講師など）で収入を得る、資産運用で経済的豊かさを得る

木星が3ハウス・・・教育関係の仕事をする、知識を伝える仕事をする、通信や情報サービスの仕事に関わる、二拠点生活を送る、旅行を楽しむ

木星が4ハウス・・・愛情溢れる家庭生活を送る、家や不動産に恵まれる、家族仲が良く安定した生活を送る

木星が5ハウス・・・芸術活動で才能を発揮する、スポンサーとして芸術家を支援する、華やかな恋愛をする、子どもに恵まれる、子ども関係の仕事で成功する

木星が6ハウス・・・恵まれた職場環境に身を置く、仕事を通じて経済的にも精神的に満たされる、医療や健康に関わる仕事をする、勤務医から開業医になるなど経験を活かして事業を始める

木星が7ハウス・・・ビジネスパートナーと事業展開する、フランチャイズ事業の導入、横の繋がりを大切にする

木星が8ハウス・・・裕福な結婚生活を送る、遺産などの不労所得を受け取る、仕事で援助を受ける（事業に出資してもらうなど）、性生活の充実

木星が9ハウス・・・専門的な学びを習得する（法律、哲学、占星術、天文学など）

指導者として教える立場になる、海外に関わる仕事をする、海外に移住する

木星が10ハウス・・・学問の研究に努める、政治に興味関心を持つ、社会の中で自分を活かしていく、社会的な地位を得る、天職に就き能力を伸ばしていく

木星が11ハウス・・・趣味のサークルやコミュニティに参加する、信頼できる仲間との繋がりを大切にする、よりよい社会にするためのアイディアを考える

木星が12ハウス・・・見えないものを大切にする(お墓参り、スピリチュアルの探求)、直観力を磨く

ワーク　あなたの木星の年齢域のテーマ

わたしの木星星座は「　　　　」座　で「　　　　」ハウスにあります。

わたしの木星星座のテーマは「　　　　　　　　　　」です。

わたしの木星のハウスのテーマは「　　　　　　　　」です。

あなたが人よりも得意なことや恵まれていることを活かして豊かさを受け取りましょう。木星の星座やハウスに関わることはあなたの長所であり、人よりも恵まれていることとです。星座とハウスの年齢域のテーマ・お勧めのアクションなどから抜き出してみてください。

『　　　　　　　　　　　　　　　　　　　　　　　　　　　　』

土星の年齢域のテーマ・お勧めのアクション・より良く生きるためのヒント

土星の年齢域は56～70歳です。

この頃になると、社会的な地位を築いている人も多いでしょう。また、定年を迎え、人生の終盤に向かっていく時期でもあります。

土星という天体は、忍耐や試練を表すとされています。「自分では苦手だと感じるけれどやらなければいけないこと」だったり、「若い時は苦手だったけれど、年を重ねるうちに出来るようになった」ということは土星が関わっているかもしれません。

学校の宿題は面倒だけど、毎日取り組むことで学力が身に付き、自分のレベルが上がりますよね？楽器も短期間では弾けるようになりませんが、毎日少しずつ練習することで、いつの間にかスラスラ演奏できるようになります。それと同じです。土星の課題は忍耐強く取り組むことで、安定的に出来るようになることです。土星の年齢域には、若い時には考えもしなかった生き方をしているかもしれません。

土星の公転周期は29年です。そのため、１つのサイン（星座）に約２年半滞在します。同年代の人たちとは土星星座が同じになるため、より個人的な課題はハウスをご覧ください。

自分の生まれた時の土星の位置に、空を運行する土星が戻ってくることを「サターンリターン」といいます。

誰でも29才前後に、このサターンリターンを経験します。

そのため、29才前後に人生を大きくリセットするような体験が起こりやすいといわれています。

人によって起こる出来事は違いますが、結婚した・出産した・新居を建てた・独立開業した・転職した・病気になった・離婚したなど様々です。これらは決して悪いものではなく、新たな価値観で生き直すきっかけを与えてくれるものなのです。

そして、２回目のサターンリターンが58才前後でやって来ますが、精神的に成長した私たちにとって、それはそんなに恐れることではありません。

また、土星はムダを省き、手放しさせる力を持った天体です。土星の力がマイナスに働くと、星座やハウスに関わることに固執しすぎたり、不満を感じたりすることがあります。

星座別・年齢域のテーマ

土星・牡羊座のテーマ…アクティブに過ごす

アクティブな土星期を過ごしそうです。思い切って新しいことを始めたり、未経験の分野にチャレンジしてみると良いでしょう。例えば、定年後に今までやったことのない職種を選んで再就職したり、事業を興すなどです。

活発な交流ができる場に身を置くことで、若々しく元気に過ごせるでしょう。スポーツなど体を動かすこともおすすめなので、家にこもらず、どんどん外に出かけましょう。若い頃は運動が苦手だったかもしれませんが、土星期には好きになっている人が多いでしょう。

【お勧めのアクション】

未経験のことを始める（仕事、習い事）、野外に出かける、運動する、朝活

【より良く生きるためのヒント】

自信を持って行動できるのは良いところですが、自分の意見を押しつけないよう注意が必要です。年齢を重ねても、謙虚な姿勢を忘れず周囲に接しましょう。

土星・牡牛座のテーマ…丁寧な暮らしを楽しむ

土星期には、資産運用をしたり、家庭菜園で野菜を育てて自給自足ライフを楽しんだり、安定した暮らしを送っているでしょう。

田舎に移住したり、都会に出ていた方は地元に戻る選択もありそうです。グルメなので、料理に目覚める人も多いかもしれません。自然の美しさを味わい、丁寧な暮らしを楽しむことでしょう。若い頃は貯蓄が苦手だったり、本当は欲しいのに我慢して買わなかったり、お金をうまく扱えないことがあったかもしれませんが、土星期にはうまく扱えるようになっているでしょう。自分が本当に欲しいものにはお金を使い、しっかり貯蓄もして満たされた生活を送っていそうです。

【お勧めのアクション】
資産運用する、自分の才能を活かして働く、家庭菜園をする、もの作りをする（料理、手芸、日曜大工など）

【より良く生きるためのヒント】
習慣を変えるのが苦手なところがあります。例えば、お酒が好きでやめられないとか、今までのお金の使い方を変えられないといったことです。健康や生活に悪影響なので、少しずつ見直して改善していきましょう。

土星・双子座のテーマ・・・見聞を広げる

自分が面白そうと感じたことや興味があることを学んだり、ＳＮＳを使って情報収集したり、楽しい土星期を過ごしそうです。

友人や兄弟とイベントや旅行に出かけることも多いでしょう。１日体験講座やワークショップのようなものに参加するのもおすすめです。

ＳＮＳ上で発信することで交流の輪が広がりそうです。フットワーク軽く、ワクワクした土星期になりそうです。


【お勧めのアクション】

言葉を扱う仕事をする（ライター、ブロガーなど）、近隣のイベントに出かける、国内旅行、ＳＮＳなどのネットサービスを利用する、読書

【より良く生きるためのヒント】

若い頃は、人とコミュニケーションを取るのが苦手だったり、うまく自分の気持ちを伝えられなかった人が多いかもしれません。

土星期には、そういった苦手意識が克服されていると思いますので、いろんな人と交流し、見聞を広げていってください。

土星・蟹座のテーマ・・・心の安定を手に入れる

蟹座は家庭や土台を表します。若い頃は、家庭に恵まれなかったり、家族のことで大変だったという経験をした人もいるかもしれません。

土星期には、愛情を持って何かを育んだり、家族と深く関わるような生き方になりそうです。

例えば、子どもが独立した後も近くに住んで孫の面倒をみたり、夫婦で共通の趣味を持つなどです。ペットを飼って愛情を注ぐ場合もあるでしょう。

家で在宅の仕事を始める人や、これまでは外に出かける方が好きだったけれど、家で過ごす時間が好きになって、インドア派になる人もいそうです。土星期には、心から安心して過ごす場所ができているでしょう。

【お勧めのアクション】

家で出来る仕事をする、住宅や生活に関する仕事をする（マンションの管理人、日用品販売など）、家での時間を楽しむ、インテリアを整える

【より良く生きるためのヒント】

これまで仕事第一で生きてきた場合は、プライベート（家庭）を大事にしてください。お家で過ごす時間があなたの癒しとなるでしょう。

土星・獅子座のテーマ・・・趣味や仕事を楽しんで生きる

好きなことや趣味に打ち込み、華やかな土星期を過ごしそうです。

ライブや舞台を観に出かけたり、芸術系の習い事を始めるのも良いでしょう。

若い頃は、人前で表現することや人と関わることが苦手だったかもしれませんが、土星期の頃には楽しく出来るようになっているはずです。

また、リーダーとして何かのグループの中心になって活動しているかもしれません。

日常の中に刺激を見つけ、楽しく輝いた毎日を送ってください。

【お勧めのアクション】

表現する仕事をする（漫画家、クリエイターなど）、社交ダンスや創作系の習い事をする、舞台や芸術鑑賞に出かける、伝統芸能を楽しむ、実用的なものを生み出す

【より良く生きるためのヒント】

プライドが高く、傷つきやすい面があります。

周囲から評価されること、特にマイナスな意見を言われることを恐れて、思い切り自己表現できない場合があるかもしれません。

しかし、他者からの評価を恐れず、「これが私の意見です。」と堂々とアピールすることで、壁を越えていけるでしょう。

そういった経験を積み重ねることで、揺るがない自信が身についていくはずです。批判や評価は冷静に受け止め、より自分を磨く糧にしていくと良いでしょう。

土星・乙女座のテーマ・・・シンプルで機能的な暮らしを楽しむ

規則正しい生活を送り、シンプルな暮らしを楽しむ土星期を過ごしそうです。早めに終活に取り組んだり、家の片づけをしてものを見直すのもおすすめです。身体のケアや健康に関することに興味を持ちやすく、本などを読んで調べたり、日常のケアに取り入れたりすることで生活が楽しくなりそうです。体質改善に取り組んだり、栄養学について勉強したりするのもおすすめです。また、サポーター的な仕事をする場合も多く、定年後に勤めていた会社に再就職して、みんなのフォローをするといったこともありそうです。

【お勧めのアクション】
事務、医療、健康に関する仕事をする、早寝早起きやトレーニングなどの健康習慣をつける、ＰＣを習う、ハーブティーを飲む

【より良く生きるためのヒント】

ムダを削ぎ落していくことや質素で実用的なものが好きで、ミニマリストになる傾向があります。ストイックにやり過ぎると、家族は寛げないと感じる場合もあるかもしれません。家族の意見も聞き入れながら、居心地のいい空間を整えていくと良いでしょう。

土星・天秤座のテーマ…おしゃれや交流を楽しんで生きる

土星期には、人間関係やパートナーシップの課題を乗り越え、良好な人間関係を築くことが出来るようになっているでしょう。

社交の場に出かけることでイキイキと過ごせるので、お茶会やイベントを主宰したり、ホテルのティールームなどでおしゃべりを楽しんだり、おしゃれして出かける機会を持つようにしてください。

人と接する仕事をしたり、地域の相談役などを務めるのもおすすめです。

【お勧めのアクション】

ファッションや美容系の仕事をする、接客業、仲介業の仕事をする、美容系のイベントに参加する、エステに行く、美術館に行く、ショッピングに出かける

【より良く生きるためのヒント】

他人の目を気にしすぎず、自分が好きなファッションやヘアスタイルにするなど、人生を楽しんでください。

好きな色の服を着たり、髪を染めるのも良いでしょう。

ＴＰＯをわきまえている人なので、悪目立ちして浮くようなことはないはずです。

土星・蠍座のテーマ・・・深い繋がりを大切に生きる

若い頃は、人と深く関わることやスピリチュアルな分野に苦手意識があったかもしれませんが、土星期には心理学やカウンセリングなどを学んで、仕事にされているるか

もしれません。

生と死に関わることや占いにも興味を持ちやすいでしょう。

また、他者から愛やお金を受け取ることが苦手だった人も、土星期にはそういったブロックが克服され、人との深い繋がりが感じられるようになっていることでしょう。


【お勧めのアクション】

スピリチュアルな仕事をする、保険、相続、金融に関する仕事をする、占いや心理学を学ぶ、温泉に行く

【より良く生きるためのヒント】

1つの分野を極めていこうとするので、どうしても視野が狭くなりがちです。

時には体を動かしてリフレッシュしたり、全く別の分野のことに触れたりして視点を変えてみましょう。

土星・射手座のテーマ…自分の世界を広げる

土星期には、あちこち海外旅行に出かけたり、遠方に移住したりしているかもしれません。

学問の探求のために、大学に入り直して学ぶ人もいそうです。

外国の文化に触れたり、遺跡を巡ったり、自分の世界を広げていくことに貪欲な晩年を過ごすでしょう。

スポーツ観戦やキャンプなどに出かけ、アクティブに過ごすのもおすすめです。若い時に諦めた夢に、再び挑戦する人もいるでしょう。

【お勧めのアクション】

海外や旅行に関する仕事をする（通訳、ガイドなど）、旅行（海外、船旅）、スポーツする、語学の習得、読書

【より良く生きるためのヒント】

長期の旅行や移住計画などは綿密なプランを立てて臨みましょう。

射手座の持つ楽観的な面がマイナスに出ると、なんとかなるさと行き当たりばったりで決めることが増えてしまいそう。

思っていたのと違った・・・とならないよう、下調べを入念に行いリサーチしておきましょう。

土星・山羊座のテーマ・・・頼られる生き方をする

土星は山羊座の支配星と言われ、力を発揮しやすい関係にあります。

土星期には、コツコツと積み上げてきたものが認められ、社会の中で成功者と言われるような地位や肩書を手にしていることでしょう。

若い頃は出世したいという意欲があまりなかったかもしれませんが、年を重ねることに良い意味で野心的になれそうです。

全体を見て管理、指示することが出来るので、定年後も自治体のリーダーなどを任されるなど、周囲から頼られる晩年になりそうです。

【お勧めのアクション】

自治体や地域のリーダーを務める、粗食にする（一汁一菜など）、古風な趣味を持つ（書道、華道など）

【より良く生きるためのヒント】

土星と山羊座の力が合わさると、何でも合理的に考えてしまいがちになります。解決策や正論を示すのではなく、共感が必要な場面もあることを忘れずにいてください。

特に夫婦間では、正論より感情に寄り添うことを大切にしましょう。

土星・水瓶座のテーマ…よりよい社会を実現する

若い時は、人と違う意見を言うことや自分の個性を出すことが苦手、という人が多いかもしれません。

土星期には同じ志を持った仲間に出会い、共に活動していく楽しさを感じられるようになっていることでしょう。環境保護団体などに所属し、社会をよりよくする活動を行っていく人もいるかもしれません。フリースクールの運営など、今の社会の枠組みを超えたサービスを提供するような団体でサポートすることもありそうです。常識の枠を超えて、グローバルな活躍をする人もいるでしょう。

著名人の例を挙げると、歌手の松田聖子さんが土星水瓶座です。

聖子さんは金星星座が魚座8ハウス、太陽星座が魚座7ハウスにあります。

魚座は芸術やスピリチュアルなどを表わし、目に見えないもの＝人気商売、流行も表します。

7ハウスは人との交流を表すため、アイドルという職業はぴったりです。

聖子ちゃんカットが流行ったのも納得ですね。トップアイドルであった金星期に結婚されていますが、８ハウス（結婚生活、他者との深い繋がり）を夢見て（魚座）結婚されたのだろうなと思います。

聖子さんの太陽は魚座７ハウスですから、出産後もアイドルの仕事を続け（魚座）外の世界と関わること（７ハウス）は、ごく自然なことだったのでしょう。

しかし、火星期に入る少し前の35歳に最初の離婚をされています。

聖子さんの火星は６ハウスにあり、働き方や環境（６ハウス）を変えていこう（水瓶座）とされたのかもしれません。

全米デビューを果たされたのは太陽期ですが、アジア各国でも活躍し、２００５年（43歳）に台湾のアルバムチャートで初登場一位を獲得。

２００７年（45歳）以降にリリースしたアルバムは、ご自身で作詞作曲、プロデュースも手掛けるようになりました。

聖子さんの火星、木星、土星は同じ水瓶座６ハウスにあるため、変化が止まりません。２０１３年（51歳）に日本武道館１００回公演を達成し、女性アーティスト歴代第一位の記録を達成。２０１５年（53歳）にレコード大賞受賞、ＪＡＺＺにも挑戦し、２０１７年（55歳）には、アメリカ名門ＪＡＺＺレーベルＶｅｒｖｅ Ｒｅｃｏｒｄｓより日本人シンガー初となるＪＡＺＺアルバムが全米リリースされるなど、偉大な記録を更新し、活躍され続けています。

私生活では、36歳で２度目の結婚をし、38歳で離婚。そして、50歳の時に３度目の結婚をされています。変革に満ちた人生を生きていらっしゃいます。

【お勧めのアクション】

フリーランスで働く、ＩＴ関係の仕事をする、ＮＰＯ法人などを立ち上げる、ネットを通じて交流や学習をする、ネットを使った事業やイベントを立ち上げる、他の人がやらないような取り組みをする

【より良く生きるためのヒント】

最初はネットを使うことやオンラインでサービスを受けることが苦手かもしれません。しかし、練習するうちにとても上手く使えるようになります。

土星・魚座のテーマ・・・見えないものを具現化する

若い時は、スピリチュアルなことに興味があるのに怪しいと感じていたり、本当は好きなのに隠していたりするかもしれません。

土星期には、そういった目に見えないものへの苦手意識を乗り越え、精神性が磨かれているでしょう。

そして、芸術活動やスピリチュアルな活動を通して人を癒やしたり、ケアしたりといったことを自然にやっていそうです。

演奏、ヒーリング、占いなど、見えないものをサービスという形にして人に提供しているかもしれません。

自然の中でひっそり静かに暮らしたいと思う人も多いでしょう。


【お勧めのアクション】

癒しや浄化に関わる仕事をする（ヒーリング、セラピーなど）、福祉や医療系の仕事をする、水辺に行く（湖、海、滝など）、瞑想、ヨガ、ハーブを育てる

【より良く生きるためのヒント】

見えないものをサービス提供している場合、価格をつけるのが苦手と感じる人もいるかもしれません。

しかし、一般的な価格を参考にするなどして、対価はきちんと受け取りましょう。

土星のハウス別・年齢域のテーマ

土星が１ハウス・・・努力して成功する、新しいチャレンジをする（独立、引っ越しなど）

土星が２ハウス・・・時間をかけて自分の才能を磨く、お金をコツコツ増やす、地元で暮らす、安定した暮らしを送る

土星が３ハウス・・・知性やコミュニケーション能力を磨く、興味のあることをじっくりと学ぶ

土星が４ハウス・・・安心できる居場所を自分で作っていく、家族や家庭に関わることをやる、母性を持って何かを育む

土星が５ハウス・・・恋愛や趣味に一途に取り組む、プレッシャーを克服し自己表現

する

土星が6ハウス・・・健康管理に努める、心身のバランスを大事にする、根気強く任
された仕事を遂行する

土星が7ハウス・・・信頼できる相手と良い関係を築いていく、美意識やセンスを磨
く

土星が8ハウス・・・伝統的なものや家系的なものを受け継ぐ（家業、家名など）、
受け継いだものを次世代に繋ぐ、人との親密な繋がりを大切に
する

土星が9ハウス・・・時間をかけて興味のあることを研究する、研究者や指導者とし
て培ってきた知識を教える

土星が10ハウス・・・やりがいのあることを見つけ実績を積んでいく、社会貢献する、努力して社会的地位を手に入れる

土星が11ハウス・・・集団やコミュニティに所属する、同じ志を持った仲間と交流する、理想の未来を描く、斬新なアイディアを実現させる

土星が12ハウス・・・愛と思いやりの精神で社会に貢献する、オンラインサロンなどネットの中で人と繋がる、スピリチュアルなことや目に見えないものをサービスとして形にする（芸術、ヒーリングなど）

ワーク　あなたの土星の年齢域のテーマ

わたしの土星星座は「　　　　　　」座　で「　　　　　　」ハウスにあります。

わたしの土星星座のテーマは「　　　　　　　　　　　　　　」です。

わたしの土星のハウスのテーマは「　　　　　　　　　　　　」です。

あなたが人生で克服していくこと、最終的に出来るようになることは何ですか？土星の星座やハウスに関わることは、最初は苦手でも、鍛錬することであなたの力になることです。是非磨いていってくださいね。星座とハウスの年齢域のテーマ・お勧めのアクションなどから抜き出してみてください。

『　　　　　　　　　　　　　　　　　　　　　　　　』

天王星の年齢域のテーマ・お勧めのアクション・より良く生きるためのヒント

天王星は土星という社会の枠を超えていく天体です。月から土星までは肉眼で確認できる天体のため、「顕在的なこと」「社会の範囲内」のことを表すとされ、土星以遠の天王星・海王星・冥王星３つの天体は、「潜在的なこと」「社会の通念を超えること」を表し、３つまとめてトランスサタニアンと呼ばれています。

土星より先の年齢域はないとする説もありますが、現代は医療の発達により寿命が延びていますので、私はむしろ現代において、天王星の年齢域は「老後をどう生きるか」といった視点でとても重要ではないかと考え、本書で扱うことにしました。

天王星の年齢域は71～84歳です。昔なら隠居生活を送っている年齢ですが、現代では再就職して働いている元気な人も多く見受けられます。天王星は社会の枠組みから解放され、自由に生きるエネルギーを持った天体です。天王星期は、今まで生きてきた世界の常識から離れ、人生の終末期に向かって新たなスタートを切っていく時なのだと感じます。天王星の公転周期は84年と長いので、天王星の星座は世代的な特徴や役割を表します。個人的なテーマはハウスをご覧ください。

また、西洋占星術では、２０２４年より本格的な風の時代が始まったと言われており、大きな節目を迎えています。（２０２０年12月22日に、水瓶座で木星と土星のグレートコンジャンクションが起こったのが風の時代の先駆け）　簡単に説明すると、２００年続いた地の時代（物質的な豊かさを求める時代。ものや土地を所有することが豊かさの証だとされてきた。）が終わり、風の時代（個々の生き方や在り方を重視する時代。より軽やかに、自由に、自分らしく生きていくことが豊かさという価値観。）に変わっていくということです。

天王星は水瓶座の支配星であり、天王星と水瓶座は親和性があります。ご自身の天王星を活かしていただくと、これからの風の時代（水瓶座の時代）を生きる上できっと役立つことでしょう。天王星は変革を表します。人生に行き詰まりを感じた時、天王星の星座やハウスに関わることをやると、ブレイクスルーを起こすことができます。人生を変えたいなら、天王星の力を使ってください。

星座別・年齢域のテーマ

天王星・牡羊座のテーマ・・・新たな価値観で生きる

新しい体制や価値観で生きていく天王星期になりそうです。例えば、今まで住んでいた土地を離れて転居したり、ＩＴ技術の革新により生まれた新しいサービスを使ったりなどといったことです。現在、自動運転技術が進んでいますので、この世代の人々はそういったものを抵抗なく利用するようになっていくでしょう。

【お勧めのアクション】
体を動かす、ＡＩ技術を取り入れた暮らしをする

【より良く生きるためのヒント】
直感に従って、まっさらな気持ちで生きること。できるだけ身軽に、余分なものを持たずに暮らしていきましょう。

天王星・牡牛座のテーマ…世の中の価値感が変わっても心豊かに生きる

現在、既にキャッシュレス化が進み、今までの現金主義から変化が起こっています。

今後、さらにお金の価値観や豊かさの基準が変わっていくでしょう。

今まで所有していたものを共有する流れも進んでいます。

例えば、車を所有せずカーシェアやレンタカーを利用するなどです。

また、進化した科学技術が食料の生産方法に画期的な変化をもたらすなど、農業にも変化が起こってきそうです。

持ち家に住み続けるのではなく、施設に入居して暮らすなど、これまでと生活の場所が変わっても、心豊かに暮らす晩年になるでしょう。


【お勧めのアクション】

キャッシュレス決済やオンラインバンキングを利用する

【より良く生きるためのヒント】

時代の変化により、便利なサービスがたくさん生まれてきそうですが、変化を受け入れる部分と自分の中の譲れない部分とのバランスを取ると良いでしょう。例えば、全てをデジタル化せずアナログな面も残すといったことです。大切な記録はノートに残すなど、自分が納得できる方法を選ぶと良いでしょう。

天王星・双子座のテーマ・・・軽やかに楽しく生きる

情報、通信、人とのコミュニケーションが活発になりそうな晩年です。新たなネットサービスが生まれたり、バーチャル技術や交通手段の発展により、人とのコミュニケーションや移動もさらに軽やかになっていきそうです。肉体的にはあちこち出かけるのはしんどい年齢ですが、元気な人はいろんなところに出かけたり本を読んだりして、好奇心旺盛に過ごすことでしょう。学ぶことにも意欲的で、楽しく充実した晩年を過ごせそうです。

【お勧めのアクション】

ネットのサブスクを利用する（本や音楽の配信サービスなど）

【より良く生きるためのヒント】

肉体的にはしんどいことも増えてくる時ですが、近場のイベントやコミュニティカフェに出かけるなどして、フットワーク軽く行動することで元気になれそうです。

家で好きな本を読んだり、動画でいろんな知識を得るのもおすすめです。

天王星・蟹座のテーマ…心の繋がりを大切にする

家庭や家族を大切にする晩年になりそうです。

夫婦どちらかの希望で移住したり、孫の面倒を見るために子どもの家の近くに住む、といったことがあるかもしれません。

家族の在り方が変わってきているので、古くから伝わるしきたりや慣習がある場合は、今後どうするかといったことも話し合っていきそうです。

後の負担をなくすために、思い切って自分たちの代でやめるという決断をするかもしれません。


【お勧めのアクション】

便利家電（ルンバ、アレクサなど）を使用する、ネット宅配を利用する

【より良く生きるためのヒント】

家族の在り方が変わっても、心は変わりません。

家族や親族と離れて暮らしている場合も、オンラインでコミュニケーションを取るなどして心の繋がりを大切に過ごしましょう。

天王星・獅子座のテーマ・・・パワフルに楽しく生きる

古い体制から抜け出し、楽しく自由に生きようとする晩年になるでしょう。独自の人生観を持って、積極的に人生を楽しんでいこうとします。新しいＩＴ技術が発展し、ＡＩで画像生成や、ＣｈａｔＧＰＴで文章作成が簡単にできるようになりました。そういった新しい技術を使って、絵を描いたり、なにかを生み出すなど、表現することに喜びを感じるでしょう。趣味を楽しんだり、自分が好きな服を着たりして、いつまでもパワフルに過ごせそうです。

【お勧めのアクション】
おしゃれを楽しむ（ネイル、ファッション）、ネットゲームをする

【より良く生きるためのヒント】
遊び心があり、人生を楽しもうという意欲に溢れています。ただし、悪気がなくても、我が強くなるところがありますので、周囲に迷惑をかけないようにしましょう。

天王星・乙女座のテーマ・・・健康的にすっきり暮らす

医療技術の進歩により高齢化が進み、これまでとは働き方が変わってくるでしょう。定年がなくなり終身雇用になったり、再雇用制度が変わるなどして、働き続ける人が多くなりそうです。ＩＴ技術の進化により、リモートで働く人も益々増えるでしょう。また、新しい健康法が見つかったり、サプリメントや医療機器などもどんどん進化していくでしょう。

そういったものをうまく取り入れ、心身の健康を保っていく晩年になりそうです。

【お勧めのアクション】

電気エネルギーを取り入れた健康法を試す（低周波治療器など）、便利グッズを活用する

【より良く生きるためのヒント】

身の回りを整えておくと頭もスッキリします。不要なものは手放すと良いでしょう。

天王星・天秤座のテーマ・・・新しい人間関係を築いて生きる

パートナーシップや人との関わり方に変化がある世代の人たちです。新しいパートナーシップの概念のもと、晩年を過ごしているかもしれません。例えば、卒婚して、籍は抜かず同居したままお互いシングルとして生活したり、夫婦それぞれが好きな場所に住み、二拠点を行き来するといった暮らし方です。既存のルールにとらわれず、お互いを尊重できる方法で生きていこうとする人が多いでしょう。ネットを通じての出会いも多いので、人との交流が賑やかな晩年になりそうです。

【お勧めのアクション】

独自のファッションやインテリアを楽しむ、ネットを通じて人と交流する

【より良く生きるためのヒント】

周囲からどう見られるかを気にせず、何事も自分の気持ちを優先して選択しましょう。

天王星・蠍座のテーマ・・・魂で繫がる人たちとのご縁に気づく

人との深い繫がりやセクシャリティ、生と死などに独自の価値観を持っている世代です。これまでの古いしきたりや慣習を廃止し、変化させていこうとする人が多いかもしれません。神秘性や生と死というテーマを探求したり、自分の心に深く向き合うための学問（心理学や占星術など）に興味を持つ晩年を過ごしている人が多いでしょう。そのため、これまで親密に付き合ってきた人間関係ががらりと変わることもありそうです。ソウルメイトなど、魂で繫がっている深いご縁に気づく人も多いでしょう。

【お勧めのアクション】
スピリチュアルに関することを学ぶ、自分を内観する時間を持つ

【より良く生きるためのヒント】
人とのご縁を大切にしていても、別れが来る場合があります。縁がある人とは必ずまた繫がりますので、別れを前向きにとらえて進んでいきましょう。

天王星・射手座のテーマ…グローバルに生きる

プレッシャー世代と呼ばれる人たちで、大きな災害（阪神淡路大震災、アメリカの同時多発テロなど）や経済的不安が多い時代を生き抜いてきたため、現実主義の人が多い世代です。また、この世代が育った時代は、インターネットやＰＣ、携帯電話などが普及し、情報収集が容易になったため、リサーチ力に長けている人が多いという特徴があります。本来、自由でありたいと思う気持ちが強く、晩年は新しい思想や生活スタイルを求める人が多いかもしれません。

【お勧めのアクション】

海外の文化や言語に触れる

【より良く生きるためのヒント】

年だからと諦めず、やりたいことにチャレンジしてみる。死ぬまでに行ってみたいところや見てみたいものがあれば、是非実現させましょう。

天王星・山羊座のテーマ・・・置かれている環境で貢献する

ゆとり世代と言われる人たちで、これまでの社会通念が大きく変化した時代を生きてきたため、自由で個性的な考えを持っている人たちが多いです。ワークライフバランスを重視した生き方を好み、競争を好まない傾向が強いです。

晩年は、何らかの役目を持ち、自分が住んでいる地域に貢献したり、町づくり的な活動をしている人が多いかもしれません。よりよい社会のために尽力することになりそうです。

【お勧めのアクション】

自治体の役員になる、町づくりなどの活動に参加する

【より良く生きるためのヒント】

社会と繋がっていることで生きがいが感じられるタイプなので、何か趣味のサークルに入ったり、ボランティアなどに参加するのも良いでしょう。

天王星・水瓶座のテーマ…自分らしく自由に生きる

天王星が水瓶座にあると変革のエネルギーが強くなります。価値観がハッキリとした人が多く、独自の考えを持っているでしょう。脱ゆとり、Z世代と言われ、生まれた時からデジタルが身近にあった人たちで、ITリテラシーが高く、ネットを介したコミュニケーションや情報収集が得意です。晩年は、いろんな場所へ移動しながら暮らすノマドワーカーのように、時間や場所に縛られず、好きなことをする人が多そうです。また、これまでの常識にとらわれない形で生きる晩年になりそうです。

【お勧めのアクション】

ＩＴ技術を生活に取り入れる

【より良く生きるためのヒント】

感覚が冴えていて面白いことを思いつくので、是非実践してください。

１人ではなく、仲間と協力して取り組んでいくと良いです。

天王星・魚座のテーマ・・・新しい方法で人を癒やす

新しい形で人や世の中を助けるような働きをしていく世代です。Ｚ世代と呼ばれ、生まれた時からデジタルに触れてきた人たちです。この人たちが晩年を迎える頃には、ＩＴ技術がさらに進化し、ロボットによる高齢者の介護サービスが当たり前になっているなど、福祉や医療もさらに進化していくでしょう。またソフトで絵を描いたり、音楽を作ったり、配信したりなど、ＩＴを使って表現するのも上手な世代です。そういった芸術分野のことで人を元気づける人もいるでしょう。

【お勧めのアクション】
ヒーリングやチャネリングなど目に見えない領域のことに触れてみる、ヨガや瞑想をする

【より良く生きるためのヒント】
デジタル化が進んでも、自然のものを生活に取り入れましょう。

天王星のハウス別・年齢域のテーマ

天王星が１ハウス・・・ユニークな発想で生きる、個性的に生きる

天王星が２ハウス・・・発明などアイディア力で稼ぐ、特殊資格の取得など人と違うスキルを身につける

天王星が３ハウス・・・ニッチな分野や新しい流派のものなどを学ぶ、ＩＴを使ってコミュニケーションや学習をする

天王星が４ハウス・・・転居するなど新しい環境にリセットする、自由な形の家庭をつくる（シェアハウスで他人同士が暮らすなど）

天王星が５ハウス・・・ＳＮＳなどで自由に表現する、人とは違うマニアックな趣味を楽しむ

天王星が６ハウス・・・生活にＩＴを取り入れ機能的な暮らしをする、暮らしや仕事の中でオリジナルのスキルを発揮する（収納術、家事の時短術などを考えて実践する）

天王星が７ハウス・・・一般的なパートナーシップにとらわれない（週末婚、事実婚、国際結婚など）、ネットで多くの人と知り合い交流する、高齢者雇用制度などを利用して働く

天王星が８ハウス・・・親密な人間関係の入れ替わりを経験する、精神世界に関する独自の考えを持つ、スピリチュアルな能力が開花する

天王星が９ハウス・・・海外、異文化、哲学、心理学、天文学など特定の分野について学ぶ、好きなことを徹底的に探究する

天王星が10ハウス・・・変わったキャリアを築く、既存の社会の枠組みを新しいもの

に変えていく、ＩＴ関係の仕事をする、自分の基準で働ける環境が大事、人とは違う面白いことを仕事にする場合もある。

天王星が11ハウス・・・先進的で未来志向な仲間と共に理想とする社会を築こうとする、ＮＰＯ団体の運営やＩＴを活かした仕事をする

天王星が12ハウス・・・顔出しせずスピリチュアルな活動や仕事をする（電話占い師など）、ネットで芸術を表現する（音楽、絵、デザインなど）

ワーク　あなたの天王星の年齢域のテーマ

わたしの天王星星座は「　　　　　」座　で「　　　　　」ハウスにあります。

わたしの天王星星座のテーマは　　「　　　　　　　　　」です。

わたしの天王星のハウスのテーマは「　　　　　　　　　」です。

あなたに変化を起こし、限界を超えていくには天王星の力を使いましょう。行き詰まった時、自分をガラリと変えたい時は、天王星の星座やハウスに関わることを意識してやるのがお勧めです。星座とハウスの年齢域のテーマ・お勧めのアクションなどから抜き出してみてください。

『　　　　　　　　　　　　　　　　　　　　　　　　　　　』

おわりに

本書を最後までお読みいただきありがとうございました。

西洋占星術の年齢域という人生の大きなテーマを知ることで、よりよい人生を創りあげていってほしい。そんな想いでこの本を書きました。

自分で認識できている自分は、実はほんの一部。自分の知らない自分を知ることができるのが占星術の凄さ、素晴らしさだと私は感じています。

意識して星や星座のエネルギーを使うことで、いつでも自分をアップデートできるのですから、是非活用してほしいと思います。

また、ハウス別の年齢域のテーマに加えてハウスに対応する星座のテーマもお読みいただくと、より深く理解することができるので、是非お試しください。(例：月星座が牡羊座7ハウスなら、牡羊座のところと7ハウスと同じ意味の天秤座のところも読んでください)

占星術では人生の大まかなストーリーは分かりますが、実はその詳細までは決まっていません。

最終的にどんな生き方をするのか決めるのは、あなた自身なのです。

大まかなストーリーを基に、細かな設定はあなた自身で選んでいってください。

かつての私のように、「自分らしく生きたいけれど、その方法が分からない」という思いを持たれている方に、本書が役立つことを心から願っています。


最後に、出版の機会を与えてくださったマーキュリー出版の丸井社長、ご縁を繋いでくださったかさこさん、いつも応援してくれる家族や友人、お客様、私に関わってくださるすべての方々に、この場をかりて感謝申し上げます。

心からありがとうございます。どうか皆様の人生が最高のものになりますように。

２０２４年10月吉日　山岸明日佳

■参考文献　『12星座』　石井ゆかり著（ＷＡＶＥ出版）、『星を使って、思い通りのわたしを生きる！』海部舞著（ＫＡＤＯＫＡＷＡ）

【著者紹介】

山岸明日佳

石川県金沢市生まれ。占星術師、運氣研究家
整理収納アドバイザーとして起業後、方向性に悩んでいた時に占星術に出会い、学ぶ。自分の本質と運氣の流れを知ることで格段に生きやすくなり、どんどん夢が叶うようになる。2015年より鑑定を開始。西洋と東洋の占星術を融合させたオリジナルの星読みが人気で、毎年年末に募集する「来年の運氣鑑定」は常に満席。県内外での講演実績多数。これまでの鑑定やセミナー受講者は延べ2000人以上。2023年、電子書籍「あなたがもっと輝く太陽星座と月星座の活かし方」を出版。
［自分を整えて望む未来をつくる］をコンセプトに整理収納アドバイザー、ファッションコンサルタントとしても活動中。

●HP　https://hoshiyomi-kanazawa.jimdosite.com

●Instagram　https://www.instagram.com/yaasuka

幸運の10年を引き寄せる！星使い入門
人生を加速させ最高の私を生きるための星座活用術

2024年10月23日　第1刷発行

著者　山岸明日佳

発行　マーキュリー出版
〒453-0016　名古屋市中村区竹橋町28－5　シーズンコート名駅西603
TEL　052-715-8520　FAX　052-308-3250
https://mercurybooks.jp/

印刷　モリモト印刷

落丁・乱丁本はお取り替えいたします

ISBN　978-4-9913254-7-2